# Windows 10 Update
# Herbst 2017

## Alles über das 2. Creators Update

Wolfram Gieseke

# Windows 10 Update Herbst 2017

## Alles über das 2. Creators Update

Alle neuen Funktionen

Änderungen in Menüs & Einstellungen

Versteckte Neuerungen & Details

*Die Deutsche Nationalbibliothek verzeichnet diese Publikation in der Deutschen Nationalbibliografie; detaillierte bibliografische Daten unter http://dnb.dnb.de*

*© 2017 Wolfram Gieseke*

*Herstellung und Verlag:*
*BoD – Books on Demand, Norderstedt*

*ISBN: 978-3-7460-1484-5*

# Vorwort

Windows 10 ist ein Betriebssystem in ständiger Weiterentwicklung. Wie versprochen liefert Microsoft alle halbe Jahre Feature-Updates, die über Fehlerkorrekturen und kleinere Optimierungen hinausgehen. Stattdessen bringen sie neue bzw. verbesserte Funktionen und gestalten auch die Benutzeroberfläche mal mehr und mal weniger um.

So auch im Oktober 2017: Mit dem Fall Creators Update legte Microsoft das vierte Feature-Update für Windows 10 vor. Der Fokus liegt diesmal auf neuen Sicherheitsfunktionen und der Weiterentwicklung des Edge-Browser. Es gibt es auch wieder zahlreiche Änderungen in den Einstellungen. Darüber hinaus hat Microsoft aber vor allem eine Vielzahl von sinnvollen kleineren Ergänzungen und Korrekturen vorgenommen, die ich Ihnen in diesem Buch vorstellen möchte.

Windows 10 ist und bleibt dynamisch. Auch bei diesem Feature-Update wird Microsoft hier und da nachbessern müssen. Betrachten Sie deshalb bitte meinen Blog unter **www.gieseke-buch.de** als Ergänzung dieses Buchs, wo Sie stets Aktuelles zum Thema finden, Fragen stellen und Anmerkungen loswerden können.

*Wolfram Gieseke*

# Inhaltsverzeichnis

# Alle (halbe) Jahre wieder: Änderungen in den Einstellungen

Schon mit Windows 8 begann Microsoft, die klassische Systemsteuerung von Windows durch die moderneren und auch per Touch bedienbaren Einstellungen abzulösen. Seitdem werden mit jedem Feature-Update weitere Optionen aus der Systemsteuerung in die Einstellungen verlegt. Und auch neue Funktionen und Einstellungsmöglichkeiten sorgen dafür, dass man sich immer wieder neu orientieren muss. Auch mit dem Fall Creators Update dürfen wir zwei neue Hauptkategorien und zahlreiche neue oder veränderte Optionen in den Einstellungen begrüßen.

**Bestimmte Optionen schnell finden**
Eine praktische Funktion der Einstellungen wird oft übersehen: Mit dem Suchfeld, das auf jeder Einstellungsseite angezeigt wird (entweder oben mittig oder oben in der linken Seitenleiste) können Sie jede Einstellung schnell finden. Tippen Sie einfach die Bezeichnung oder zumindest eine wesentlichen Teil davon ein. Meist bekommen Sie die gesuchte Einstellung dann direkt zur Auswahl angeboten und können damit zum entsprechenden Dialog wechseln. Noch besser: Die Suchfunktion berücksichtigt auch die klassische Systemsteuerung. Wenn Sie also nicht sicher sind, wo sich eine bestimmte Einstellung befindet, lässt sie sich auf diese Weise in jedem Fall finden.

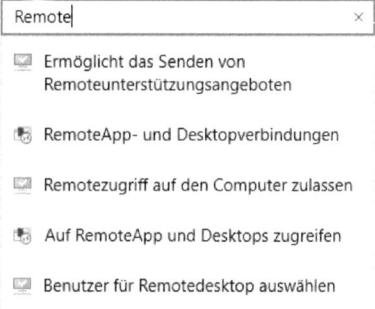

## Erklärungstexte für viele Optionen

Eine positive Nachricht für die Einstellungen insgesamt: Während man bislang mit vielen Optionen alleine gelassen wurde, bieten viele Dialoge nun erläuternde Texte zu wesentlichen Funktionen – teilweise mit weiterführenden Verknüpfungen.

Diese Hilfe finden Sie meist am rechten Seitenrand oben. Allerdings nur, wenn das Fenster breit genug ist. Andernfalls wandert der Text nach unten unterhalb der eigentlichen Optionen, wo man ihn erstmal finden muss.

## Neue Kategorie: Cortana

Die Einstellungen für die digitale Assistentin Cortana befanden sich bislang direkt im dazugehörenden Element der Taskleiste, hinter einem Zahnradsymbol versteckt. Aufgrund des Platzmangels waren sie dort auch

Cortana
Cortana-Sprache,
Berechtigungen,
Benachrichtigungen

nur umständlich zu bedienen. Hier ist Microsoft nun den konsequenten Weg gegangen und hat die Optionen zum Steuern von Cortana mit in die Windows-Einstellungen übernommen.

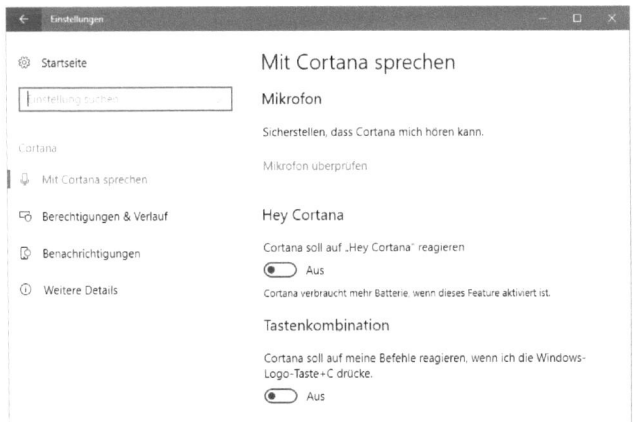

Die *Cortana*-Kategorie besteht aus mehreren Unterbereichen, die insgesamt in etwa dieselben Einstellungen enthalten, die zuvor direkt im Cortana-Menü enthalten waren. Entfallen ist die Option *Tipps zur Taskleiste*. Dafür kann man nun die Zugriffsberechtigungen für Cortana noch feiner selbst festlegen. Dazu finden Sie in der Rubrik *Berechtigungen & Verlauf* eine ganze Reihe von Optionen

## Neue Kategorie: Handy

Die zweite neue Hauptkategorie trägt den Namen *Handy*. Hierunter verbirgt sich die Möglichkeit, Ihr iPhone oder Android-Smartphone mit dem Windows-Rechner zu verknüpfen. Über die Cloud können so Daten zwi-

Handy
Android, iPhone
verknüpfen

schen beiden Geräten ausgetauscht werden. So können Sie etwa Webseiten vom Mobilgerät an den heimischen PC weiterleiten, um interessante Texte dort in Ruhe zu lesen oder auch zu speichern. Auf diese interessante neue Funktion gehe ich ab Seite 63 ausführlicher ein, deshalb hier nur der Verweis dorthin.

## Windows Update-Dienste anpassen & überwachen

Bei den Einstellungen für Updates bietet die neue Windows-Version zusätzliche Konfigurationsmöglichkeiten. Insbesondere der Dienst für den Abruf von Update-Daten im Hintergrund lässt sich nun besser einstellen. Die Optionen dafür finden sich unter *Update & Sicherheit/ Windows Update/ Erweiterte Optionen*.

Hier haben Sie zunächst die Möglichkeit, mit der Option *Wenn diese Richtlinie aktiviert ist, werden Updates selbst über getaktete Datenverbindungen automatisch heruntergeladen* Windows-Updates auch über Mobilfunkverbindungen zu laden. Das ist vor allem für Nutzer interessant, die eine ausreichende Datenflatrate haben und eher selten mit WLANs verbunden sind.

Direkt darunter finden Sie den Link *Übermittlungsoptimierung*, der den bisherigen Punkt *Übermittlung von Updates auswählen* nicht nur dem Namen nach ablöst. Im anschließenden Dialog können Sie auch weiterhin einstellen, ob Updates mit anderen PCs im lokalen Netzwerk oder auch im Internet geteilt werden können.

Wichtig ist aber vor allem darunter der Punkt *Erweiterte Optionen*. Er erlaubt es, Grenzen für die Dateiübertragung im Hintergrund zu setzen:

▹ *Bandbreite beim Herunterladen von Updates im Hintergrund einschränken*: Windows darf nur so viel Prozent der verfügbaren Übertragungskapazität für das Herunterladen von Updates beanspruchen.

▹ *Bandbreite beim Hochladen von Updates auf andere PCs im Internet einschränken*: Wenn Sie das Teilen von Updates mit anderen PCs im Internet aktiviert haben, können Sie dafür ebenfalls eine Obergrenze festlegen, so dass Windows immer nur einen Teil der Kapazität nutzen darf.

13

▶ *Monatliche Obergrenze für Uploads*: Alternativ können Sie den Umfang der hochgeladenen Daten beschränken. Ist diese Grenze erreicht, stellt
Windows das Hochladen bis zum nächsten Monat
ein.

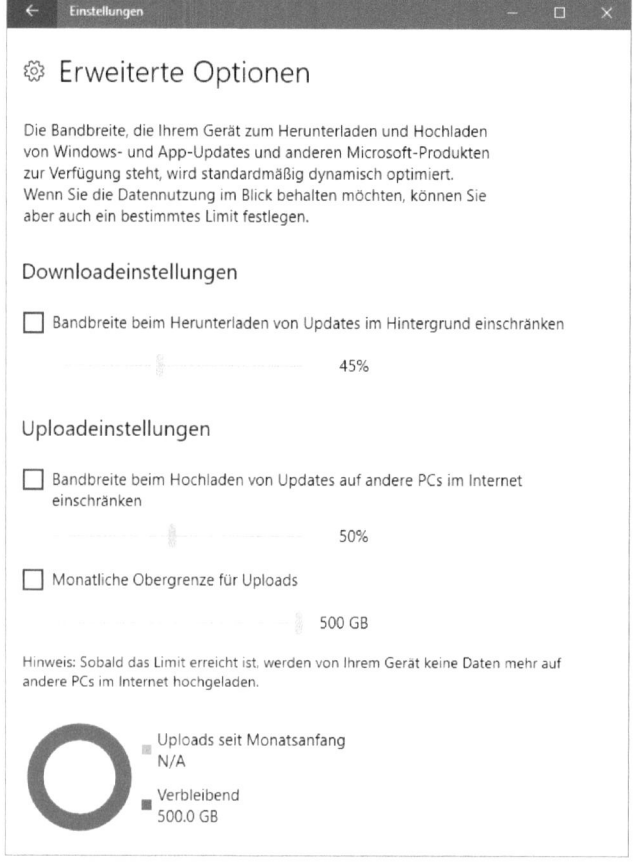

Ganz unten sehen Sie eine Statistik der im aktuellen
Monat übertragenen Daten. Noch genauer können Sie

Uploads und Downloads verfolgen, wenn Sie zur Übersicht der *Übermittlungsoptionen* zurückgehen und dort anstelle von *Erweiterte Optionen* den Punkt *Aktivitätsmonitor* wählen. Dort sind alle Daten noch detaillierter aufgeschlüsselt. Beachten Sie dabei bitte: Es handelt sich hierbei ausschließlich um Datentransfers im Zusammenhang mit Windows-Updates.

## Die Update-Frequenz steuern

Änderungen gab es auch bei den Update-Kanälen, die Microsoft erst vor einiger Zeit eingeführt hatte. Die Einstellungen dafür finden Sie weiterhin unter *Update und Sicherheit/ Windows Update/ Erweiterte Optionen* im Abschnitt *Installationszeitpunkt für Updates wählen*. Die alten Optionen lauteten:

▷ *Current Branch*, um jeweils das aktuelle Update schnellstmöglich einzuspielen.

▷ *Current Branch for Business*, um Feature-Updates jeweils um mehrere Monate hinauszuzögern, bis sie allgemein erprobt und stabil sind.

Hier hat Microsoft im Wesentlichen an den Bezeichnungen geschraubt:

▷ *Semi-Annual Channel (Targeted)* sorgt nun für schnellstmögliche Feature-Updates nach Verfügbarkeit.

▷ *Semi-Annual Channel* ohne „(Targeted)" hingegen zögert das Installieren von Feature-Updates für

15

etwa vier Monate nach der Veröffentlichung hinaus.

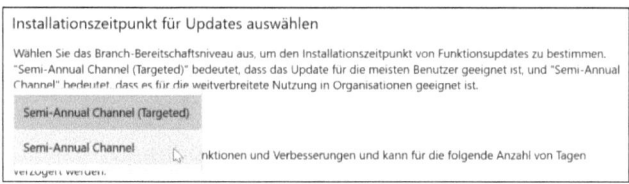

Geändert hat sich also vor allem der Name, der nun den halbjährlichen Rhythmus von Feature-Updates direkt widerspiegelt. Wer unangenehmen Überraschungen um jeden Preis aus dem Weg gehen möchte, sollte sich für den Semi-Annual Channel entscheiden, der dafür sorgt, dass neue Funktionen erst dann installiert werden, wenn Sie einige Monate im „Realbetrieb" getestet wurden.

## Privates oder öffentliches Netzwerk?

Schon lange macht Windows eine deutliche Unterscheidung zwischen privaten und öffentlichen Netzen. In Privatnetzen werden Dateien und andere Ressourcen großzügig freigegeben. Nutzt man hingegen allgemein zugängliche Netze wie WLAN-Hotspots, sollte man diese als öffentliche Netze einstellen. Dann verzichtet Windows auf Freigaben und andere Funktionen, durch die andere Teilnehmer dieses Netzwerks Zugang erlangen könnten.

Bislang war es allerdings recht umständlich, die einmal getroffene Entscheidung zwischen Privat und Öffentlich wieder rückgängig zu machen. Viele Benutzer wählten deshalb den Weg, WLAN-Verbindungen komplett zu entfernen und neu anzulegen, um dies Zuordnung neu vornehmen zu können. Solche Umstände sind nun nicht mehr nötig, denn Sie können diese Eigenschaft jederzeit ändern:

1. Öffnen Sie die Liste der verfügbaren Netzwerke und verbinden Sie sich mit dem Netzwerk, dessen Zuordnung Sie ändern möchten (falls Sie nicht bereits verbunden sind).

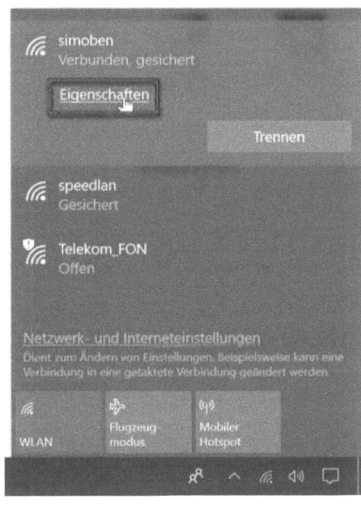

2. Klicken oder tippen Sie im Eintrag dieses Netzwerks auf *Eigenschaften*.

3. Windows öffnet daraufhin in den Einstellungen das Profil dieses Netzwerks.

4. Hier können Sie nun nach Bedarf die Zuordnung zu *Öffentlich* oder *Privat* durch Wahl der gleichnamigen Option vornehmen. Schließen Sie die Einstellungen dann einfach.

## Kontextmenü für WLAN-Verbindungen

Ein Hinweis für WLAN-Nutzer: Ab dem aktuellen Update haben die Einträge in der WLAN-Verbindungsliste jeweils ein Kontextmenü. Klicken Sie einen Eintrag mit der rechten Maustaste an, wird ein Menü mit wesentlichen Aktionen wie *Trennen*, *Eigenschaften* oder *Nicht speichern* angezeigt.

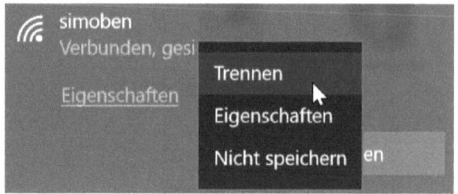

# Datenschutz bei Dateidownloads steuern

Nachdem Microsoft bei den letzten Feature-Updates recht umfangreiche Ergänzungen bei den Datenschutz-Einstellungen vornahm, halten sich die Änderungen diesmal in Grenzen. Neu hinzugekommen ist die Unterrubrik *Automatische Dateidownloads*. Sie steht im Zusammenhang mit Zugriffen auf Cloud-Speicher (siehe hierzu auch die neue OneDrive-Funktion zum Synchronisieren nach Bedarf auf Seite 74).

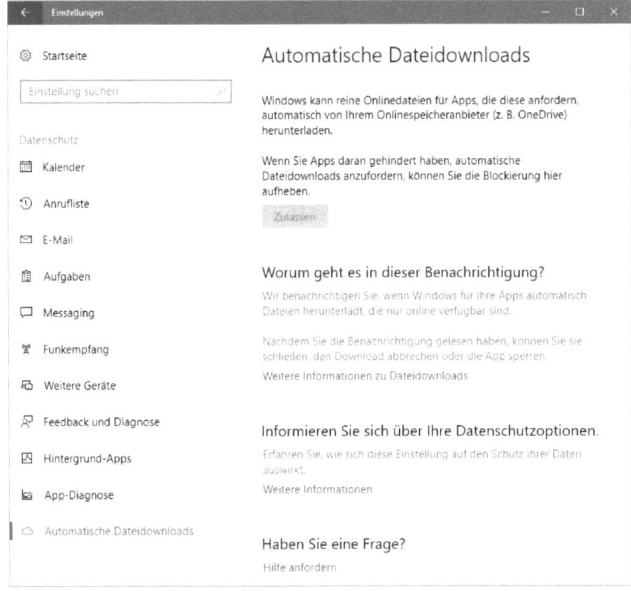

Wenn Apps aus dem Microsoft Store auf Ihren Cloud-Speicher beispielsweise bei OneDrive zugreifen, können Sie dies verhindern und den Apps diesen Zugang sperren. Solche Apps tauchen dann in den Einstellun-

gen unter *Datenschutz/ Automatische Dateidownloads*
wieder auf. Sollten Sie mit dem Sperren voreilig ge-
wesen sein oder es sich doch anders überlegt haben,
können Sie den Zugriff hier wieder *Zulassen*.

## Standardprogramme komfortabel einstellen

Schon immer konnte man bei Windows Standardpro-
gramme für bestimmte Dateitypen festlegen. Wenn
Sie eine Datei etwa im Explorer öffnen, bestimmt
Windows anhand des Dateityps, welche Anwendung
gestartet wird, um die Datei anzuzeigen. Überwie-
gend erfolgen solche Zuordnungen automatisch beim
Installieren von Anwendungen. Aber nicht immer
klappt das zur Zufriedenheit oder man möchte eine
Zuordnung nachträglich auf ein anderes Programm
abändern.

Dafür gibt es Optionen, die nun aus der klassischen
Systemsteuerung in die modernen Einstellungen ge-
wandert sind. Dort finden Sie unter *Apps/ Standard-
Apps* ganz unten den Link *Standardeinstellungen nach
App festlegen*. Dieser war in der letzten Windows-
Version ebenfalls vorhanden, führte aber in die Sys-
temsteuerung. Nun öffnet er die Liste der installierten
Anwendungen direkt in den Einstellungen.

1. Wählen Sie die App aus, deren Einstellungen Sie
   ändern möchten.

2. Klicken bzw. tippen Sie dann auf *Verwalten*.

3. So erhalten Sie eine Liste der Dateitypen und Pro-
tokolle, mit denen diese Anwendung umgehen
kann. Rechts daneben sehen Sie gleichzeitig Symbol und Name der Anwendung, der dieser Typ
derzeit zugewiesen ist.

4. Wenn Sie an einer Zuordnung etwas ändern
möchten, klicken Sie auf die Anzeige der derzeit
zugeordneten Anwendung.

5. So erhalten Sie ein Auswahlmenü, das alle installierten Programme anzeigt, die diesen Dateityp
bzw. dieses Protokoll unterstützen. Wählen Sie
darin einfach die Anwendung aus, die zukünftig
hierfür zuständig sein soll.

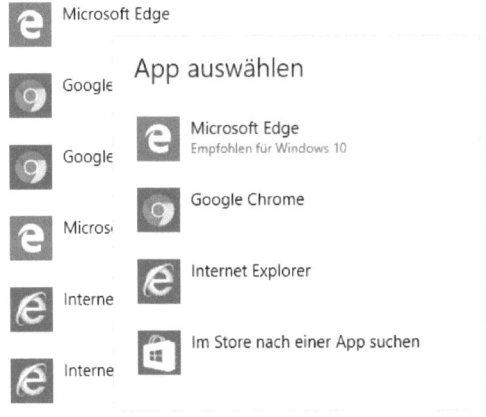

## Spezialeinstellungen für den Exploit-Schutz

Zu den neuen Sicherheitsfunktionen von Windows 10
gehört der Exploit-Schutz bzw. insbesondere die

Möglichkeit, diesen individuell zu konfigurieren. Bislang war dafür zusätzliche Software namens *Enhanced Mitigation Experience Toolkit* erforderlich. Nun finden Sie in den Einstellungen unter *Update und Sicherheit/ Windows Defender/ Windows Defender Security Center öffnen/ App & und Browsersteuerung* ganz unten den Bereich *Exploit-Schutz*. Mit *Einstellungen für Exploit-Schutz* öffnen Sie die Optionen.

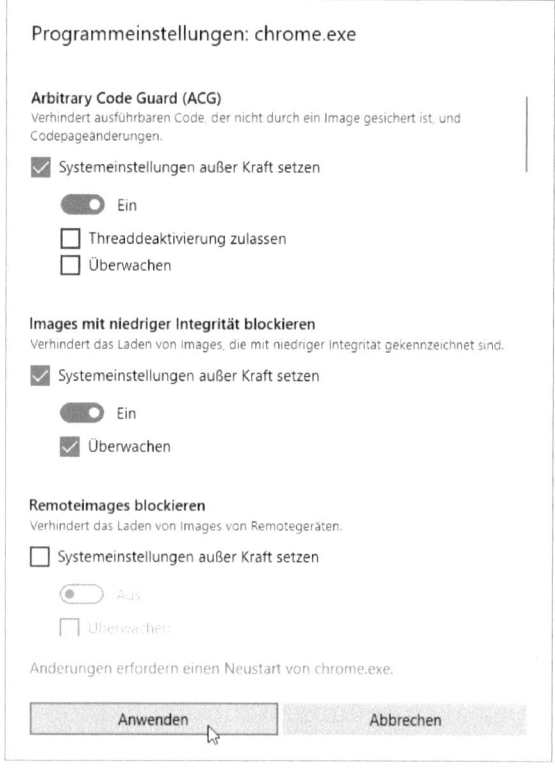

Allerdings sollten Sie sich diesen Einstellungen mit Bedacht nähern. Insbesondere in der Rubrik *Systemeinstellungen* sollten Sie von den Standardeinstellungen nur im Ausnahmefall abweichen. Etwas anders sieht es in der Rubrik *Programmeinstellungen* aus. Hier sind verschiedenen Systemprogramme aufgeführt. Außerdem können Sie hier selbst Anwendungen hinzufügen. Bei konkreten Problemen kann es sinnvoll sein, Änderungen für einzelne Programme vorzunehmen, wenn Sie beispielweise vom Entwickler dazu aufgefordert werden oder aus zuverlässiger Quelle eine entsprechende Problemlösung erhalten haben.

**Neu dabei: Überwachter Ordnerzugriff**
Eine weitere neue Funktion des Windows Defender ist der überwachte Ordnerzugriff. Diesem wichtigen und umfangreicheren Thema habe ich ab Seite 45 ein eigenes Kapitel gewidmet.

# Remotedesktop-Verbindungen konfigurieren

Ein weiterer Migrant aus der klassischen Systemsteuerung sind Optionen zum Konfigurieren von Remotedesktop-Verbindungen. Allerdings ist die alte Option in der Systemsteuerung nach wie vor vorhanden und auch zusätzliche Optionen wie das Auswählen der berechtigten Benutzer erfolgen noch mit den alten Dialogen. Aber Sie können in den modernen Einstellungen unter *System/ Remotedesktop* diese Funktion nun einschalten und anschließend die grundlegende Konfiguration vornehmen.

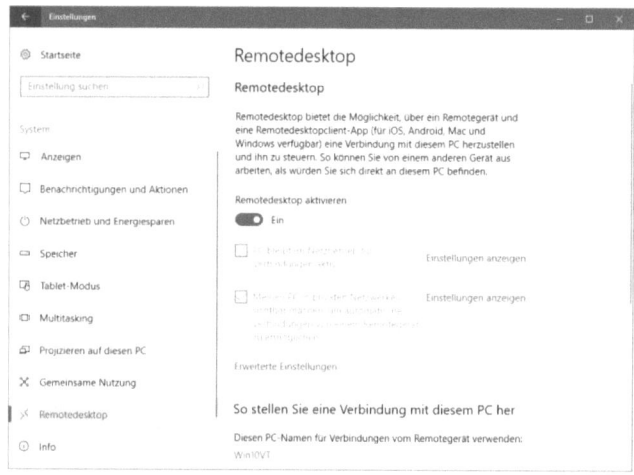

## Ungenutzten Speicher besser freigeben

Eine Funktion zum automatischen Bereinigen des Festplattenspeichers brachte Windows 10 schon immer mit. Mit dem aktuellen Update wurden deren Fähigkeiten allerdings erweitert und es ist nun unter anderem möglich, die Daten der vorherigen Windows-Version (nach einem Feature-Update) zu löschen. Gerade für Benutzer von Tablets und Notebooks mit chronisch knappem Speicherplatz ist das eine gute Sache.

1. Öffnen Sie in den Einstellungen die Rubrik *System/Speicher*.

2. Auf der rechten Seite sehen Sie oben die Auslastung ihrer Speichermedien. Setzen Sie darunter die Option bei *Speicheroptimierung* auf *Ein*.

3. Klicken oder tippen Sie dann direkt darunter auf *Freigeben von Speicherplatz ändern*.

4. Im anschließenden Dialog können Sie festlegen, welche Bereiche beim automatischen Aufräumen beachtet werden sollen. Wie gewohnt können Sie ungenutzte temporäre Dateien löschen und den Papierkorb aufräumen lassen.

5. Neu ist die praktische Option, ältere Dateien aus dem Download-Ordner zu entfernen.

6. Ganz unten schließlich finden Sie die Option *Löscht vorherige Windows-Versionen*.

## Vorherige Windows-Versionen entfernen

Wenn Sie ein Update von Windows 7 oder 8 auf Windows 10 durchführen oder bei einem vorhandenen Windows 10 ein Feature-Update wie das Fall Creators Update einspielen, speichert Windows automatisch eine Sicherungskopie der alten Windows-Version. Das ermöglicht es, noch einige Zeit nach dem Update zur alten Version zurückzukehren (im Falle von Feature-Updates 10 Tage). Allerdings benötigt diese Sicherung auch einige GByte Speicherplatz. Wenn nach einem Update der Speicherplatz knapp ist und es offenbar keine Probleme gibt, können Sie auf diese Weise sehr schnell einigen Speicherplatz freimachen. Eine Rückkehr zur vorherigen Windows-Version ist dann aber nicht mehr möglich.

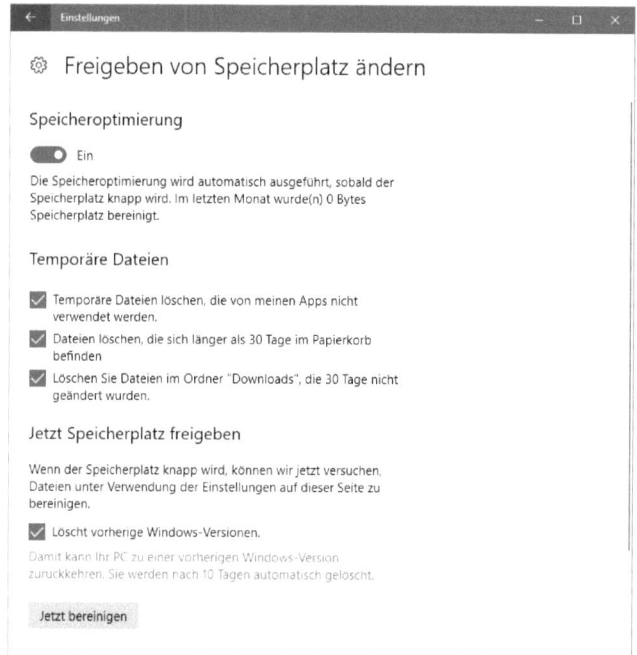

# Die Wiedergabe von Videos optimieren

Ein weiterer Neuling in den Einstellungen ist die Unterrubrik *Apps/Videowiedergabe*. Sie bringt einige Optimierungsmöglichkeiten mit, die vor allem für Nutzer mit HDR-Bildschirme und/oder mobilen Geräten hilfreich sind:

> Ganz oben finden Sie ein Testvideo, dass Sie jederzeit abspielen können, um die Konfiguration zu erproben. Es lässt sich im Fenster oder im Vollbild sowie auf einem anderen Wiedergabegerät im Netzwerk abspielen.

➤ Wenn am PC ein Monitor mit HDR-Fähigkeiten angeschlossen ist, können Sie mit der Option *HDR-Video streamen* diese Fähigkeit nutzen.

➤ Der Schalter *Video automatisch verarbeiten und verbessern* entscheidet, ob Videos 1:1 wiedergegeben werden sollen oder ob die geräteinternen Funktionen zur Bildoptimierung genutzt werden dürfen. Hier probieren Sie am besten aus, welche Einstellung für Sie bessere Resultate erbringt.

➤ Mit der Option *Videowiedergabe mit niedriger Auflösung zulassen* gewichten Sie eine flüssige Wiedergabe höher als die Bildqualität. Windows reduziert dann bei langsamen Verbindungen automatisch die Videoqualität. Das kann beispielsweise sinnvoll sein, wenn Sie regelmäßig unterwegs via Mobilfunk Videos streamen möchten.

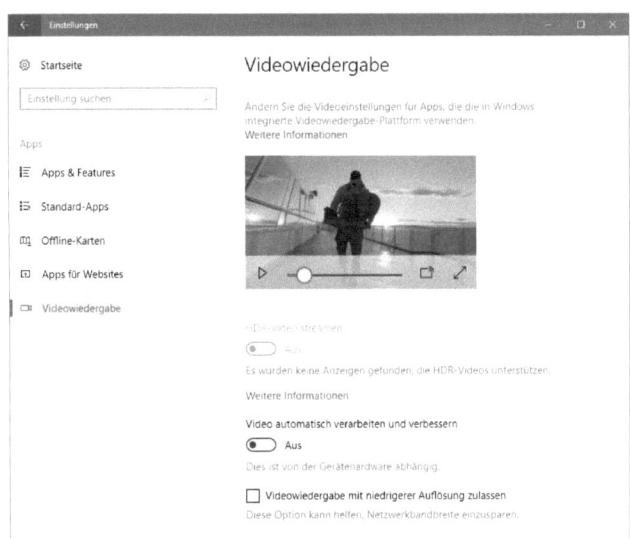

**Zusätzliche Videooptionen für Mobilgeräte**

Wenn Sie ein Notebook oder Tablet verwenden, finden Sie auf dieser Einstellungsseite zusätzliche Optionen für die akkuschonende Videowiedergabe. So können Sie wählen, wie Windows im Akkubetrieb die Videowiedergabe optimieren soll:

▶ *Für Akkulaufzeit optimieren*: Windows reduziert den Aufwand für die Wiedergabe, um Energie zu sparen und die Akkulaufzeit zu verlängern. In diesem Fall sollten Sie auch darunter die Option *Videowiedergabe mit niedriger Auflösung im Akkubetrieb zulassen* einschalten.

▶ *Für Videoqualität optimieren*: Windows stellt stets die bestmögliche Wiedergabequalität sicher, auch wenn sich die Akkulaufzeit dadurch spürbar verkürzen kann.

Die optimale Einstellung hängt immer von Ihrer Hardware und Ihren Ansprüchen ab. Sind Sie ohnehin immer nur kurz unterwegs und können das Gerät jederzeit unkompliziert aufladen, genießen Sie die hohe Qualität. Wenn Sie aber länger unterwegs sind und der Akku möglichst lange durchhalten soll, ist es sinnvoll, Qualitätseinbußen in Kauf zu nehmen.

# Neue Optionen für Spieler

Auch für Computerspieler wurden Funktionen hinzugefügt, um das Spieleerlebnis zu verbessern und einfacher konfigurieren zu können. Neu hinzugekommen sind zwei Optionen unter *Spielen/Übertragung* im Bereich *Audioübertragung* unten:

➢ *Nur Spieleaudio übertragen*: Ist diese Option an, werden nur die vom Spiel selbst erzeugten Geräusche und Klänge übertragen. Andernfalls streamt Windows ggf. auch die Mikrofoneingaben der Spieler.

➢ *Übertragungssprache*: Hier können Sie wählen, in welcher Sprache Sie Spiele übertragen möchten. Wer beispielsweise die englische Originalversion einer möglicherweise schlecht gemachten deutschsprachigen Synchronfassung vorzieht, der ist hier richtig.

Neu hinzugekommen ist außerdem die Rubrik *TruePlay*, wo Sie die gleichnamige Funktion ein- oder ausschalten können. Bei TruePlay geht es darum, Betrügern bei gemeinsam gespielten Online-Spielen das Leben schwer zu machen. TruePlay ist neu und es noch nicht ganz klar, wohin sein Weg gehen wird. In Zukunft kann es sein, dass Sie TruePlay aktivieren müssen, um bei bestimmten Online-Spielen alle Funktionen nutzen zu können.

Die ebenfalls neu hinzugekommene Rubrik *Xbox-Netzwerk* testet lediglich die Verbindung zum Xbox-Netzwerk. Sollten Sie beim Online-Spielen Probleme haben, schauen Sie zuerst hier, ob die Verbindung aktiv ist, die Wartezeit im üblichen Millisekunden-Bereich liegt und der Paketverlust möglichst bei 0% ist.

# Optionen für Farbe und hohe Kontraste

Für Anwender mit Sehbeeinträchtigungen bringt Windows 10 nun spezielle Farbfilter mit. In der Einstellungs-Kategorie *Erleichterte Bedienung* wurde zu diesem Zweck die Rubrik *Hoher Kontrast* in *Farbe und hoher Kontrast* umbenannt. Hier können Sie nun bei Bedarf Farbfilter aktivieren. Anschließend wählen Sie darunter einen der Filter aus. Neben Invertieren und verschiedenen Graustufenvarianten sind hier auch Filter für bestimmte Farbblindheiten vorgesehen. Ggf. probieren Sie einfach durch, welcher der Filter Ihren Sehgewohnheiten am besten entgegenkommt.

Darunter können Sie wie gewohnt verschiedene Kontraststarke Designs auswählen und individuell bearbeiten.

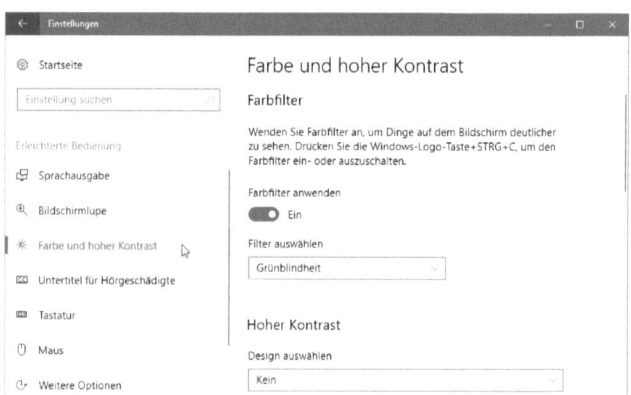

# Neuerungen an der Oberfläche

Wie immer bei Feature-Updates hat sich auch auf der Oberfläche von Windows manches getan, ebenso wie in wichtigen Systemprogrammen. Darunter sind auch einige neue Funktionen, die für manchen Anwender interessant sein dürften.

## Windows Store heißt jetzt Microsoft Store

Eventuell ist es Ihnen am Store-Symbol in der Taskleiste schon aufgefallen: Hier hat es eine Änderung gegeben. Der *Windows Store* oder auch nur *Store* heißt nun *Microsoft*  *Store*. Damit einher geht etwas Kosmetik etwa beim Symbol der App. Sonst ändert sich aber (noch) nichts weiter. Angebot und Gestaltung der Store-App selbst bleiben vorerst unverändert. Es wird aber bereits spekuliert, dass der Microsoft Store seine Angebotspalette in Zukunft verbreitern und beispielsweise auch Hardware von Microsoft anbieten wird.

## Wichtige Kontakte direkt in der Taskleiste

Zu den auffälligsten Neuheiten der Windows-Oberfläche zählt wohl das Kontakte-Symbol rechts unten in der Taskleiste. Hierüber lassen sich bis zu drei Ihrer Kontakte als Symbole an die Taskleiste heften. Auf diese Weise sind diese Personen immer schnell erreichbar, etwa um ihnen einen Mail zu senden oder eine Skype-Konversation zu beginnen.

Dazu müssen Sie aber zunächst Kontakte an die Taskleiste anheften:

1. Klicken Sie auf das Kontakte-Symbol. Solange Sie diese Funktion noch nie genutzt haben, wird eine Begrüßung angezeigt. Klicken Sie in diesem Fall auf *Erste Schritte*.

2. Sollten Sie nun in der Rubrik *Apps* landen, sehen Sie eine Liste der Apps, die diese Funktion nutzen können und dürfen.

3. Um *Kontakte* der Taskleiste hinzuzufügen, wechseln Sie in die gleichnamige Rubrik.

4. Hier werden Ihnen direkt einige Kontakte angeboten, die Sie in der Vergangenheit regelmäßig genutzt haben. Wollen Sie alle gespeicherten Kontakte sehen, klicken Sie unten auf *Kontakte suchen und anheften*.

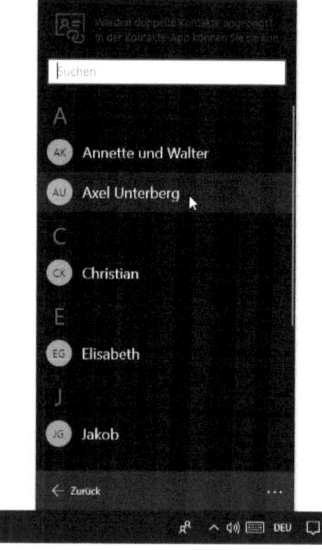

5. Klicken Sie dann einfach auf einen der Einträge, damit er links neben dem Kontakte-Symbol an der Taskleiste angeheftet wird. Das können Sie bis zu dreimal machen. Anschließend müssen Sie erst einen der anhefteten Kontakte entfernen, um einen weiteren anheften zu können.

Falls Sie sich wundern, woher die angezeigten Kontakte kommen oder warum gar keine zu sehen sind: Windows greift dabei auf die Apps zurück, die in der gleichnamigen Rubrik angezeigt werden, also die mitgelieferten Microsoft-Apps Kontakte, Skype und Mail. Es ist zu erwarten, dass in Zukunft weitere Apps diese Funktion unterstützen und dann auch hierfür verwendet werden können.

**Angeheftete Kontakte sinnvoll nutzen**

Über die angehefteten Kontakte in der Taskleiste können Sie die dazugehörigen Personen jederzeit schnell erreichen. Mit einem Klick darauf öffnen Sie ein Fenster, wo Sie die entsprechende App für Mails oder Skype-Konversationen aufrufen können. Diese stellen dann direkt eine Verbindung her bzw. zeigen direkt ein Mailformular mit der richtig eingetragenen Adresse an.

Aber das Symbol kann noch mehr: So können Sie beispielsweise eine Datei per Drag&Drop ergreifen und auf einem der Symbole „fallen lassen". Dann wird direkt eine Mail an diese Person erstellt und diese Datei angehängt. Sie brauchen die Mail nur noch zu vervollständigen und abzusenden.

### Keine Verwendung für angeheftete Kontakte?

Wenn Sie die Kontakte-Funktion nicht nutzen möchten, stört Sie das Symbol in der Taskleiste vermutlich eher. Um es verschwinden zu lassen, klicken Sie mit der rechten Maustaste auf die Taskleiste und wählen im Kontextmenü den Punkt *Schaltfläche "Kontakte" anzeigen* ab.

# Kompakte Touchscreen-Tastatur für Tablets

Auch bei der auf dem Bildschirm eingeblendeten virtuellen Tastatur gibt es einige Veränderungen. Sie wird vor allem bei Tablets genutzt, die über keine echte Tastatur verfügen bzw. bei denen man die Tastatur abnehmen kann. Will man dort Texte eintippen, wird am Bildschirm eine virtuelle Tastatur angezeigt. Diese stellt Windows in verschiedenen Varianten zur Auswahl.

## Die Bildschirmtastatur anzeigen

Um die Bildschirmtastatur jederzeit einblenden zu können, benötigen Sie das gleichnamige Systemsymbol unten rechts im Infobereich. Sollte es dort nicht angezeigt werden, klicken Sie mit der rechten Maustaste auf die Taskleiste (oder tippen länger darauf) und wählen im Kontextmenü *Bildschirmtastatur anzeigen*. Wohlgemerkt: Damit zeigen Sie noch nicht die Bildschirmtastatur selbst an, sondern nur das Symbol, mit dem Sie die Tastatur jederzeit ein- oder ausblenden können.

### Standardtastatur

Standardmäßig aktiv ist eine kompakte Bildschirmtastatur mit den wichtigsten Elementen zum Eintippen kurzer Eingaben, also im Wesentlichen Buchstaben, Ziffern, Sonderzeichen, Eingabe und Löschen. Mit dem Symbol oben links öffnen Sie die Tastatureinstellungen, wo Sie die Tastatur an- und abdocken und zu den anderen Varianten wechseln können.

## Kompakte Mobiltastatur

Bislang hatte Microsoft für Tablets eine ganz innovative zweigeteilte Tastatur, von denen jeweils ein Hälfte links und eine Hälfte rechts unten auf dem Bildschirm angeordnet war. Die Idee dabei war, dass man das Tablet mit beiden Händen an den unteren Ecken hält und dabei die Daumen frei hat, um die Tastatur(en) zu bedienen. Offenbar hat sich dieser Ansatz aber nicht durchsetzen können.

Stattdessen bringt das Update eine sehr kompakte Minitastatur mit, wie man Sie von Smartphones gewohnt ist. Diese kleine Tastatur beansprucht nur wenig Platz auf

dem Bildschirm und ist deshalb für gelegentliche Eingaben eine gute Alternative.

Was man ihr nicht ansieht: Sie müssen nicht unbedingt tippen, sondern können auch wischen. Anstatt also nacheinander auf die Felder t,e,r,m,i und

n zu tippen, setzen Sie den Finger auf dem t an und wischen dann in einer Bewegung über die Felder e,r,m,i und setzen dann bei n ab. Die Tastatur fügt das dabei erkannte Wort automatisch zusammen.

Falls sie daneben liegt, finden Sie oberhalb der Tastenfelder Alternativvorschläge, bei denen meist das gemeinte Wort dabei ist. Sollte die Tastatur völlig falsch liegen, tippen Sie einmal auf die virtuelle Löschen-Taste, um das ganze Wort zu entfernen. Das klingt erstmal kompliziert, aber wenn man es ein bisschen geübt hat oder vom Smartphone vielleicht schon kennt, ist man damit bald schneller.

**Volle Tastatur**

Als dritte Variante steht Ihnen eine virtuelle Tastatur über die volle Bildschirmbreite zur Verfügung, die auch verschiedene Funktionstaste, Pfeiltasten, Strg, Alt, Windows usw. umfasst. Sie kann eine reale Tastatur weitestgehend ersetzen und eignet sich, um längere Texte zu erstellen und Textdokumente zu bearbeiten.

## Stifteingabe: Bessere Korrekturmöglichkeiten

Zu den virtuellen Tastaturen gehört auch das Eingabefeld für die Stifteingabe. Es hat sich oberflächlich nur geringfügig geändert, indem rechts zusätzliche Schaltflächen für das Eingeben von Ziffern und Emojis ergänzt wurden. Außerdem kann man mit den Pfeiltasten oben die Eingabeposition für den zu schreibenden Text nun leichter verändern.

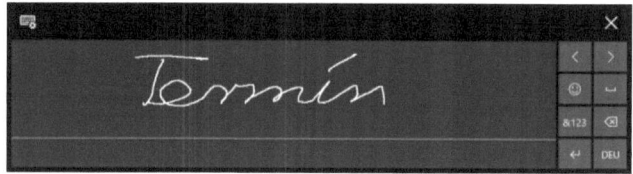

Vor allem aber wurde die Funktionalität des Eingabebereichs sinnvoll erweitert:

▷ Sie können bereits geschriebene Wörter nun einfach durchstreichen, um sie wieder aus der Eingabe zu entfernen.

➤ Wurde in einem Wort ein Buchstabe falsch erkannt, können Sie einfach nur diesen einen Buchstaben überschreiben, um ihn durch den richtigen zu ersetzen.

➤ Ebenso lassen sich Fehler beim Trennen und Zusammensetzen von Wörtern durch Strichgesten schnell korrigieren. Einen unerwünschten Leerraum kann man „durchstreichen", damit er verschwindet und die beiden Wörter verbunden werden. Um aus einem Wort zwei zu machen, zeichnet man an der gewünschten Trennstelle einen senkrechten Strich ein.

## Emojis jederzeit & überall einfügen

Die einen lieben sie heiß und innig – andere finden sie kindisch und überflüssig: Emojis oder auch Emoticons. Wer Fan dieser kleinen Symbole ist, die statt vieler Worte Gefühle und Stimmungen ausdrücken sollen, findet beim aktuellen Windows nun eine einfache Möglichkeit, in fast allen Apps und Anwendungen Emojis zu verwenden. Beachten Sie dabei bitte die Einschränkung in der Hinweisbox!

Um Emojis einzugeben, brauchen Sie nur in einem beliebigen Eingabefeld die Tastenkombination **[Win]** + **[.]** zu drücken. Dann wird das Eingabefeld auf dem Bildschirm angezeigt. Tippen Sie eines der darin angebotenen Symbole an, wird es dort eingefügt, wo sich gerade die Texteingabemarke befindet. Die Emo-

ji-Liste wird anschließend automatisch wieder ausge-
blendet.

Beachten Sie
dabei, dass die
Emojis in meh-
rere Kategorien
unterteilt sind,
deren Symbole
Sie am unteren
Rand finden. Sie
sehen also im-
mer nur einen
Teil der verfüg-
baren Emojis.
Das Uhr-

Symbol steht dabei für den Verlauf, also die Minigra-
fiken, die Sie zuletzt bzw. regelmäßig nutzten.

**Emojis vorerst nur für amerikanische Nutzer?**
Direkt nach Veröffentlichung des Updates stellten
viele Benutzer fest, dass das groß angekündigte Emoji-Eingabefeld nicht auf dem Bildschirm erscheinen
wollte. Es stellte sich heraus: Es funktioniert (vorerst)
nur, wenn man als Spracheinstellung *Englisch (Verei-
nigte Staaten)* verwendet. Dies dürfte zeitnah korri-
giert werden, so dass auch Benutzer anderer Sprachen
Emojis nutzen können. Bis dahin können Sie in den
Einstellungen unter *Zeit und Sprache/ Region und Sprache* amerikanisches Englisch als *Sprache hinzufügen.*
Solange Sie dann zu diesem Sprachmodell wechseln,
funktioniert das Emoji-Eingabefeld wie beschrieben.

# Lautstärkeregler für einzelne Apps

Der Lautstärkeregler von Windows erlaubt es nicht nur, die Lautstärke für das gesamte System pauschal zu regeln. Zusätzlich kann man für einzelne Anwendungen einen individuellen Pegel festlegen. Bislang war das aber nur für klassische Desktop-Anwendungen möglich, während moderne Apps sich an der Systemlautstärke orientieren.

Wenn Sie nun den Lautstärkemixer öffnen (mit der rechten Maustaste auf das Lautstärkesymbol im Infobereich klicken und dann *Lautstärkemixer* wählen), finden Sie dort auch jede aktive App mit einem eigenen Eintrag und können einen Pegel wählen, der niedriger oder etwas höher als die allgemeine Systemlautstärke ist.

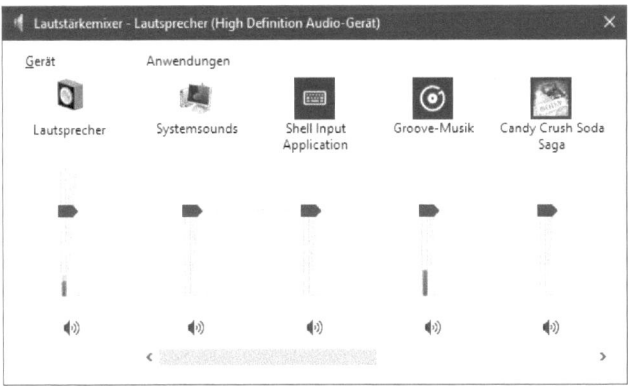

# Verbesserungen bei der Bildschirmlupe

Die Bildschirmlupe ist ein praktisches Werkzeug, nicht nur für Nutzer mit Augenproblemen. Sie erlaubt es, jederzeit einen „Zoom" auf einen bestimmten Ausschnitt des Bildschirms zu machen, den Windows dann vollflächig vergrößert darstellt. Nach dem aktuellen Update finden Nutzer eines Touchscreens nun neben dem bekannten Dialog zusätzlich leicht erkennbare Bedienelemente auf dem Bildschirm vor:

1. Starten Sie die Bildschirmlupe mit der Tastenkombination **[Win]** + **[+ auf dem Ziffernblock]**. Haben Sie keinen Ziffernblock, können Sie das Programm auch mit „lupe" im Eingabefeld der Taskleiste aufrufen.

2. Wie gewohnt wird das kleine Dialogfenster angezeigt. Bei Touchscreens finden Sie aber zusätzliche Symbole zum Vergrößern bzw. Verkleinern der Zoomstufe in den Bildschirmecken.

3. Zusätzlich finden Sie an allen vier Seiten einen Rand hervorgehoben. Um sich über einen vergrößerten Bildschirm zu bewegen, tippen an der entsprechenden Seite kurz auf diesen Rand. Der Bildschirminhalt wird dann ein Stück in die entsprechende Richtung verschoben.

4. Sie können den Bildschirm auf frei mit einer Fingerspitze verschieben. Setzen Sie den Finger dazu in einem der Randbereiche an und beginnen Sie die Bewegung dort.

## Die Leistung des Grafikchips überwachen

Der Task-Manager von Windows kann schon lange mehr als nur die laufenden Prozesse kontrollieren. Ebenso kann er die Hardware des PCs überwachen und deren Auslastung visualisieren. Bislang war dies aber nur für Prozessor, Arbeitsspeicher, Datenträger und Netzwerk möglich.

Neu hinzugekommen ist der Grafikprozessor. Auch dessen Auslastung lässt sich nun in der Rubrik *Leistung* des Task-Managers ablesen und visualisieren. So kann man feststellen, ob die Grafikhardware des PCs den Aufgaben gewachsen ist oder eventuell den Flaschenhals darstellt, so dass eine Aufrüstung sinnvoll sein kann.

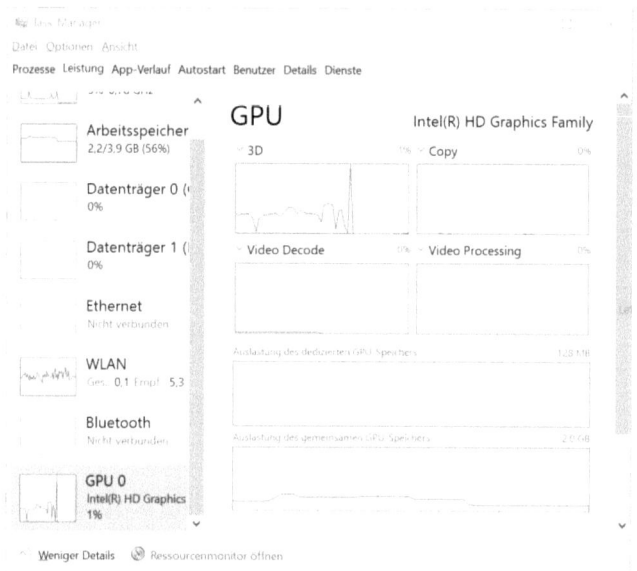

*Die Leistungsanzeige für den Grafikchip im Task-Manager*

# Dateien vor Erpressungstrojanern schützen

Als Erpressungstrojaner bezeichnet man Malware, die sich auf einem PC einnistet und die persönlichen Dateien des Anwenders wie Dokumente, Bilder, Musik & Videos verschlüsselt. Diese Daten sind dann nicht mehr zugänglich. Um wieder Zugriff darauf zu erlangen, muss der Besitzer einen Entschlüsselungscode erwerben, den man meist per Bitcoin oder anderen nicht verfolgbare Methoden bezahlen muss. Aber selbst dann ist nicht sicher gestellt, dass die Erpresser auch wirklich einen (passenden) Schlüssel liefern.

Um seine Nutzer besser vor dieser Masche zu schützen, bringt Windows 10 mit dem aktuellen Update eine neue Funktion namens Überwachter Ordnerzugriff mit. Die Idee dahinter: Bestimmte Ordner wie beispielweise die mit persönlichen Dokumente und Bildern werden von Windows zusätzlich geschützt, indem der Zugriff darauf nur Anwendungen erlaubt wird, die entweder von Microsoft selbst stammen oder die der Benutzer ausdrücklich dafür freigegeben hat. Versuchen andere Anwendungen den Zugriff, unterbindet Windows dies. Erpressungs-Trojaner haben somit keine Chance mehr, solange man als Anwender wachsam ist und wirklich nur vertrauenswürdigen Anwendungen den Zugriff erlaubt.

# Überwachten Ordnerzugriff aktivieren

Diese zusätzliche Ordnerüberwachung ist standardmäßig ausgeschaltet. Das liegt daran, dass sie zwar
schützt, aber eben auch eine Einschränkung bedeutet
bzw. zusätzlichen Konfigurationsaufwand erfordert,
um trotzdem reibungslos arbeiten zu können. Was
das genau heißt, können Sie aber auf den folgenden
Seiten nachlesen. Um die Ordnerüberwachung zu
aktivieren, gehen Sie so vor:

1.  Öffnen Sie die Einstellungen in der Rubrik *Update
    und Sicherheit/ Windows Defender/ Windows Defen-
    der Security Center öffnen*.

2.  Im Security Center wählen Sie *Viren- und Bedro-
    hungsschutz* und auf der anschließenden Seite *Ein-
    stellungen für Viren- und Bedrohungsschutz*.

3.  In den Einstellungen gehen Sie nach unten, bis Sie
    den Abschnitt *Überwachter Ordnerzugriff* finden.

4.  Schalten Sie dort die Option auf *Ein*. Bestätigen
    Sie die Sicherheitsrückfrage der Benutzerkonten-
    steuerung.

---

Überwachter Ordnerzugriff

Schützen Sie Ihre Dateien und Ordner vor nicht autorisierten Änderungen
durch schädliche Anwendungen.

 Ein

Geschützte Ordner
App durch überwachten Ordnerzugriff zulassen

---

Nach dem Aktivieren der Ordnerüberwachung werden im selben Einstellungsmenü zusätzliche Punkte angezeigt. Wie Sie die Ordnerüberwachung dadurch individuell anpassen und ein komfortables Weiterarbeiten ermöglichen, beschreiben die nachfolgenden Abschnitte.

## Ordner zur Überwachung hinzufügen

Der Link *Geschützte Ordner* führt zu einer Liste der von dieser Funktion überwachten Verzeichnisse. Standardmäßig gehören dazu die privaten und öffentlichen Ordner für Dokumente, Bilder, Videos und Musik sowie Desktop und Favoriten. Diese Elemente werden immer kontrolliert (solange diese Funktion aktiv ist) und lassen sich auch nicht entfernen.

Sie können mit dem +-Symbol bei *Geschützte Ordner hinzufügen* aber weitere Ordner in die Überwachung aufnehmen. Wählen Sie dazu einfach im so geöffneten Dialog den gewünschten Ordner aus. Er wird dann mitsamt seiner Unterordner berücksichtigt. Wählen Sie dazu möglichst nur Ordner aus, die Sie selbst für das Ablegen Ihrer Daten erstellt haben. Ordner, die von Windows oder bestimmten Anwendungen für temporäre Dateien oder Einstellungen angelegt wurden, brauchen eigentlich nicht überwacht zu werden und können zu unnötigen Komplikationen führen.

Sie können beliebig viele Ordner der Überwachung hinzufügen. Diese Ordner können Sie – im Gegensatz zu den Standardordnern – auch wieder aus der Liste löschen. Klicken Sie dazu auf den Eintrag und wählen Sie dann *Entfernen*.

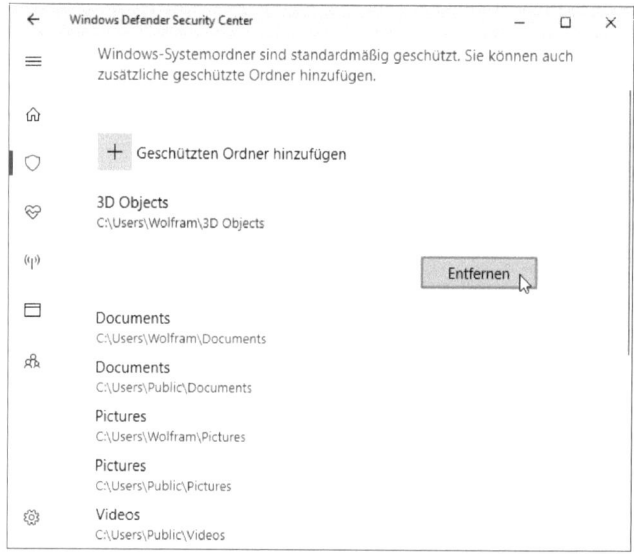

## Den Zugriff auf geschützte Ordner steuern

Die andere wichtige Möglichkeit, das Überwachen von Ordnern zu steuern, ist die Auswahl der Anwendungen, denen der Zugriff auf die so geschützten Daten erlaubt wird. Diese Einstellungen finden Sie unter dem Link *App durch überwachten Ordnerzugriff zulassen*. Auch der führt zu einer Liste, die aber zunächst leer ist. Das bedeutet nicht, dass keinerlei Zugriffe möglich wären. Microsoft-eigene Programme wie Explorer und diverse Systemanwendungen sind als sicher signiert und dürfen unabhängig von dieser Liste immer zugreifen.

Wenn eine andere Anwendung einen potenziell bedrohlichen Zugriff auf einen geschützten Ordner durchführen will, wird das von Windows blockiert. Sie bemerken dass einem Hinweis durch das Infocenter.

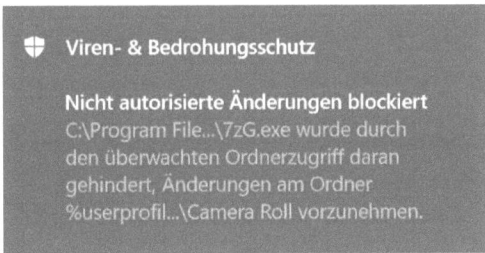

Ist der Zugriff in Ihrem Sinn, weil es sich um eine von Ihnen aktiv genutzte Anwendung handelt, können Sie dieses Programm für die Ordnerüberwachung freigeben. Diese Anwendung hat dann grundsätzlich auf alle überwachten Ordner vollen Zugriff. Eine Abstufung, einzelnen Programmen nur für bestimmte Ordner Rechte einzuräumen, ist bei den geschützten Ordnern bislang zumindest nicht vorgesehen.

Um einer App Zugang zu den geschützten Dateien zu ermöglichen, klicken Sie in der App-Liste auf das +-Symbol neben *Zulässige App hinzufügen*. Navigieren Sie im Dateiauswahldialog dann in den entsprechenden Ordner – meist unter *C:\Programme* oder *C:\Programme(x86)*. Bestätigen Sie die Rückfrage der Benutzerkontensteuerung. Es wird in der App-Liste dann ein Eintrag für diese Anwendung angelegt, über den Sie das Programm später ggf. auf wieder entfernen können.

# Neue Funktionen im Edge-Browser

Genau wie auch Windows 10 selbst ist der mitgelieferte Edge-Webbrowser ausdrücklich ein Projekt ständiger Weiterentwicklung. Anfangs legte Microsoft Wert auf die Basisfunktionen für einen schnellen und stabilen Browser. Nun wird nach und nach optimiert und weitere Funktionen ergänzt. Ein wichtiger Fokus liegt diesmal auf den Möglichkeiten zum Betrachten und Bearbeiten von Dokumenten wie PDFs und eBooks, weshalb ich diesem Thema ein eigenes Kapitel im Anschluss gönne. Aber auch sonst gibt es bei Edge interessante Neuerungen, die ich hier vorstelle.

## Verbesserungen bei Lesezeichen

Ein Bereich mit neuen Funktionen sind die Lesezeichen, auch wenn Edge hier im Vergleich mit Chrome und Firefox immer noch etwas hinterher hinkt, was zumindest Komfort und Flexibilität angeht. Bislang konnte man einmal erstellte Favoriten nur umbenennen. Nun können Sie auch die Adresse (URL) eines vorhandenen Favoriten anpassen, anstatt das Lesezeichen ganz zu löschen und neu anzulegen:

1. Öffnen Sie dazu die rechte Seitenleiste von Edge mit der Lesezeichenverwaltung.

2. Klicken Sie das betreffende Lesezeichen mit der rechten Maustaste an bzw. tippen Sie länger darauf, damit das Kontextmenü angezeigt wird.

3. Wählen Sie im Menü den Befehl *URL bearbeiten*.

4. Anschließend finden Sie den bisherigen URL in einem Eingabefeld vor, wo Sie ihn beliebig anpassen oder überschreiben können.

5. Drücken Sie **[Eingabe]**, um die Änderung zu übernehmen.

## Mehrere Tabs als ein Lesezeichen speichern

Neu hinzugekommen ist auch die Möglichkeit, eine ganze Zusammenstellung mehrere gleichzeitig geöffneter Webseiten als Lesezeichen ablegen zu können. Rufen Sie diesen Favoriten später wieder ab, werden alle beteiligten Tabs wieder geöffnet und die entsprechenden Webseiten als Inhalte geladen.

1. Öffnen Sie gleichzeitig alle Webseiten in jeweils eigenen Tabs, die Teil dieser Sammlung werden sollen.

2. Klicken Sie mit der rechten Maustaste auf einen beliebigen der Tabs und wählen Sie im Kontextmenü ganz unten den Befehl *Tabs zu Favoriten hinzufügen*.

3. Für die Tabs wird dann in der Lesezeichenliste ein neuer Ordner mit der Bezeichnung *Tabs von* gefolgt vom aktuellen Datum erstellt.

4. Diesen Namen können Sie am besten gleich im Anschluss ändern, indem Sie mit der rechten Maustaste auf den Ordnernamen klicken und im Kontextmenü *Umbenennen* wählen.

Um die so gespeicherte Lesezeichensammlung später wieder zu abzurufen, öffnen Sie die Lesezeichenliste von Edge, klicken mit der rechten Maustaste auf den Eintrag des Ordners und wählen im Kontextmenü *Alle öffnen*.

## Lesezeichen als Symbole in der Taskleiste

Bislang konnten man Edge-Lesezeichen im Startmenü anlegen lassen, um sie von dort jederzeit schnell abrufen zu können. Das geht nun noch direkter, denn ab sofort können Sie häufig genutzte Webseiten direkt als Symbole in der Taskleiste ablegen. Ein Klick darauf startet Edge und lädt die dazugehörende Webseite in einem Aufwasch.

1. Öffnen Sie die gewünschte Webseite in Edge.

2. Klicken oder tippen Sie rechts oben in Edge auf das Menü-Symbol, um das Menü im rechten Seitenbereich anzuzeigen.

3. Wählen Sie im Menü den Befehl *Diese Seite an die Taskleiste anheften*.

4. Edge erstellt dann ein neues Symbol in der Taskleiste. Verfügt die Webseite über ein eigenes Icon, wird dieses dafür verwendet. Andernfalls versieht Windows es mit einem generischen Symbol.

# Webseiten und Dokumente vorlesen lassen

Praktisch nicht nur für Menschen mit Sehschwächen: Edge kann Ihnen die Inhalte von Webseiten, aber auch PDFs oder eBooks vorlesen – ganz ohne Zusatzsoftware. Klicken Sie dazu einfach mit der rechten Maustaste irgendwo auf den Text oder eine leere Stelle. Wählen Sie im Kontextmenü dann den Befehl *Laut vorlesen*.

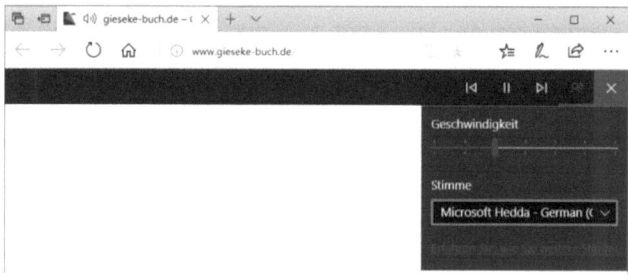

Edge beginnt dann direkt mit der Wiedergabe. Gleichzeitig wird oben eine schmale Steuerleiste eingeblendet. Hier können Sie die Wiedergabe anhalten und fortsetzen sowie zum nächsten oder vorherigen Textabschnitt springen. Mit dem vierten Symbol öffnen Sie einen kleinen Einstellungsdialog, in dem Sie aus verschiedenen Stimmen wählen sowie die Sprechgeschwindigkeit individuell anpassen können.

Mit dem X-Symbol ganz rechts beenden Sie das Vorlesen jederzeit.

### Markierte Abschnitte vorlesen

Sie können auch einen bestimmten Textabschnitt
markieren und sich dann diesen vorlesen lassen. Allerdings ist diese Funktion zum Zeitpunkt der Veröffentlichung noch etwas fehlerhaft: Edge liest zwar den
ausgewählten Abschnitt vor, hebt dabei aber zugleich
die Markierung auf. Am Ende des Abschnitts wird
das Vorlesen deshalb einfach fortgesetzt. Ich gehe
davon aus, dass Microsoft diesen Fehler zeitnah besei-
tigt.

## Schneller Wechsel zum Vollbildmodus

Der Edge-Browser bot auch zuvor schon einen Vollbildmodus, der aber eher zu den „Geheimfunktionen"
gehörte, da er nur über die umständliche Tastenkombination **[Umschalt]** + **[Win]** + **[Eingabe]** erreichbar
war. Das funktioniert auch weiterhin. Aber ebenso
gut könne Sie nun die bei Webbrowsern übliche **[F11]**-
Taste dafür verwenden. Und wer keine Tastatur mag
oder an seinem Tablet gar keine hat, kann nun auch
das Menü von Edge öffnen und findet darin ein Symbol, mit dem sich der Vollbildmodus jederzeit per
Maus oder Fingertipp aktivieren lässt.

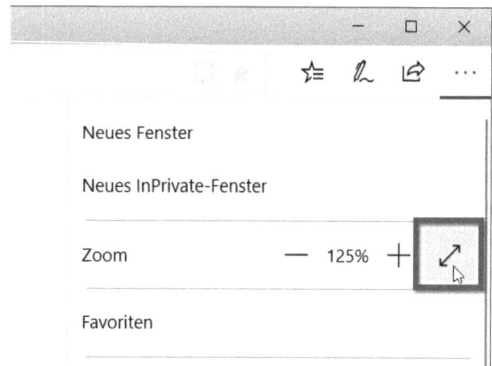

## Vollbildmodus per Touch rückgängig machen

Wer auf einem Tablet ohne Tastatur den Vollbildmodus aktiviert, kann das schlecht mit **[F11]** rückgängig machen, wie Edge selbst vorschlägt. Die Lösung für dieses Problem ist unsichtbar, aber vorhanden: Wischen Sie im Vollbildmodus von oben in den Bildschirm hinein. Dann wird oben rechts eine kleine Leiste angezeigt, mit der Sie Edge minimieren, den Vollbildmodus beenden oder den Browser ganz schließen können.

# PDFs und eBooks im Edge-Browser

Edge soll nicht nur ein Webbrowser sein, sondern auch das Betrachten und Bearbeiten elektronischer Dokumente ermöglichen. Das erspart das Installieren zusätzlicher Viewer-Programme und bietet eine einheitliche Oberfläche für Informationen. Dementsprechend hat Microsoft vor allem die Funktionen für PDFs und eBooks im ePub-Format weiter ausgebaut. Sie lassen sich beim aktuellen Edge-Browser besser und flexibler lesen. Und es gibt Interaktionsmöglichkeiten wie Markieren und Kommentieren oder das Ausfüllen von Formularen.

## Die Anzeigen von PDF-Dokumenten steuern

Die Steuerleiste, die beim Anzeigen von elektronischen Dokumenten eingeblendet wird, bietet weitere Funktionen, um die Darstellung zu steuern und sich beispielsweise Dokumente vorlesen zu lassen.

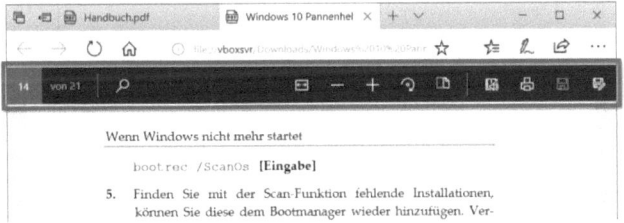

▷ Auf der rechten Seite der Leiste finden Sie nach wie vor Steuerelemente für die Anzeigegröße. Mit dem Kästchen ganz links wechseln Sie schnell zwischen verschiedenen Seitenbreiten. Mit + und - steht Ihnen eine flexible Zoom-Funktion zur Verfügung.

▷ Mit dem Dreh-Symbol rechts daneben können Sie die Orientierung des Dokuments ändern. Meist wird diese automatisch korrekt erkannt, aber im Notfall kann man hiermit nachhelfen.

▷ Das Seitensymbol lässt Sie das Layout der Darstellung ändern. So können Sie von der einseitigen zu einer zweiseitigen Darstellung wechseln, die auf breiten Bildschirm oft sinnvoller ist. Außerdem können Sie einstellen, ob Sie durch das Dokument scrollen oder es seitenweise lesen möchten.

▷ Rechts daneben finden Sie das Vorlesen-Symbol. Leider ist diese Funktion für elektronische Dokumente noch nicht ganz ausgereift. So ist es nicht möglich, genau zu bestimmen, was vorgelesen wird. Die Stimme beginnt immer auf der dargestellten Seite oben links. Dabei werden irritierenderweise auch Elemente wie Kopfzeilen oder Seitenzahlen mit vorgelesen.

▷ Die drei ganz rechten Elemente dienen wie gewohnt dem Drucken und Speichern von Dokumenten.

## Inhaltsverzeichnisse bei PDFs nutzen

Wenn eine PDF-Datei mit einem Inhaltsverzeichnis versehen ist, können Sie dieses nun anzeigen und verwenden, um direkt zu bestimmten Abschnitten zu springen.

1.  Bietet ein elektronisches Element ein Inhaltsverzeichnis gemäß den Vorgaben des jeweiligen Formats an, wird der Steuerleiste am oberen Seitenrand automatisch ein Symbol dafür links neben der Suchlupe hinzugefügt.

2.  Mit einem Klick darauf zeigen Sie in einer Seitenleiste am linken Rand das Inhaltsverzeichnis an.

3.  Hier können Sie jeden Eintrag einfach anklicken oder -tippen, um zum jeweiligen Abschnitt im Text zu gelangen.

4.  Das Inhaltsverzeichnis bleibt dabei angezeigt, um jederzeit schnelle Navigation zu ermöglichen.

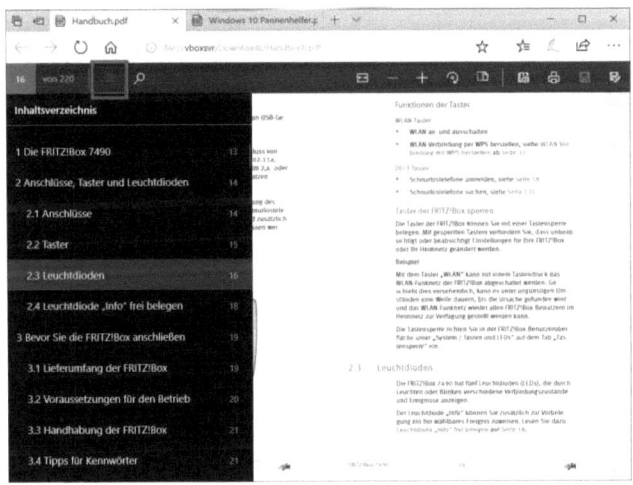

# PDF-Formulare im Browser ausfüllen

Eine neue, auf den ersten Blick nicht sichtbare Möglichkeit ist das Ausfüllen von PDF-Formularen. Voraussetzung ist, dass das Formular vom Anbieter tatsächlich mit den entsprechenden interaktiven Elementen erstellt wurde und nicht nur sozusagen eine Abbildung eines Formulars ist. Solche interaktiven Elemente werden von Edge nun erkannt und können entsprechend verwendet werden.

1.  Wenn ein PDF-Dokument mit Eingabefeldern versehen ist, erkennt Edge dies automatisch und zeigt diese Felder entsprechend als veränderbare Elemente an.

2.  Platzieren Sie die Einfügemarke auf eines der Felder. Tippen Sie dann einfach den Inhalt ein, den dieses Feld haben soll. Ihre Eingabe wird direkt im Formular angezeigt.

3.  Um zu einem anderen Formularelement zu wechseln, platzieren Sie die Einfügemarke an dessen Position. Alternativ können Sie auch mit **[Tab]** bzw. **[Umschalt]** + **[Tab]** zwischen den anwählbaren Elementen hin- und herwechseln.

4.  Haben Sie ein Formular ausgefüllt, können Sie es wie gewohnt über die Steuerleiste ausdrucken oder speichern. Es wird dann mitsamt der eingefügten Inhalte ausgegeben.

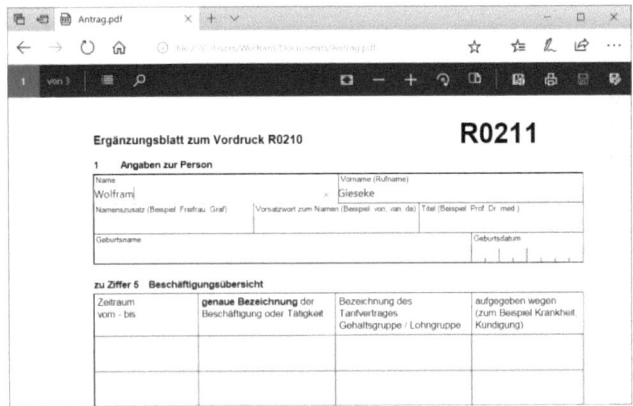

# Textstellen markieren und kommentieren

Schon länger beherrscht Edge Webseitennotizen, mit denen man bei Webseiten wichtige Passagen hervorheben oder mit Anmerkungen versehen kann. Diese Funktion war für elektronische Dokumente bislang allerdings nicht verfügbar. Nun aber hat der Browser dazu gelernt und bietet auch für PDFs und eBooks die Möglichkeit, eigene Hervorhebungen und Kommentare einzufügen.

▷ Dazu können Sie zum einen die Notizenfunktion oben rechts in der Adressleiste von Edge nutzen. Hier stehen Kugelschreiber und Textmarker zur Verfügung.

▷ Alternativ können Sie beliebige Abschnitte im Text markieren. Edge blendet dann bei der Markierung automatisch ein Kontextmenü ein, in dem Sie eine Hervorhebung dieser Passage in einer bestimmten Farbe wählen oder den Bereich mit einer eigenen Notiz ergänzen können.

---

Wenn Windows nicht mehr startet

**Systemimage mit der Wiederherstellungsumgebung einspielen**

Das Wiederherstellen einer Komplettsicherung kann nicht im laufenden Windows erfolgen. Schließlich wird dabei die gesamte Systempartition ü            it dem laufenden System sozusagen der Bo            n weggezogen würde. Stattdessen gibt es eine spezielle Wiederherstellungsumgebung, die direkt beim Systemstart aktiviert werden kann:

---

## eBooks bearbeiten

Auch beim Arbeiten mit eBooks im Format ePub bietet Edge nun Möglichkeiten zum Ergänzen des Textes mit eigenen Hervorhebungen und Kommentaren. Die die Funktionen sind ähnlich wie bei PDF-Dokumente. Allerdings haben Sie zusätzlich die Möglichkeit, wichtige Textpassagen durch Unterstreichen hervorzuheben.

---

Ein anderer Einfallsweg ist der Webbrowser, wo **Sicherheitslücken im Browser oder in Addons** genutzt werden, um Programme herunter            s der Benutzer aber meist noch mit einem Trick dazu gebracht werden, das Ausführen zu veranlassen.

---

# Windows 10 mit dem Smartphone verbinden

Eine spannende neue Entwicklung ist das Verknüpfen von Windows mit dem Smartphone. Sie benötigen dazu ein Microsoft-Konto und eine kostenlose App auf dem Mobilgerät. Wenn Sie dann unterwegs eine spannende Webseite finden, können Sie diese per Teilen-Funktion an Ihren Windows-PC weiterleiten. Zuhause können Sie die Seite dann bequem und in aller Ruhe am PC oder Notebook weiterlesen. Zunächst nur ein Ansatz, der aber viel Potenzial für die Zukunft bietet, das weit über den Webbrowser hinausreicht.

## Verknüpfung per Microsoft Apps

Um Ihr Smartphone mit Windows verbinden zu können, benötigen Sie eine App namens „Microsoft Apps", die für Android-Smartphones sowie iPhones kostenlos im jeweiligen Store verfügbar ist. Installieren Sie die App 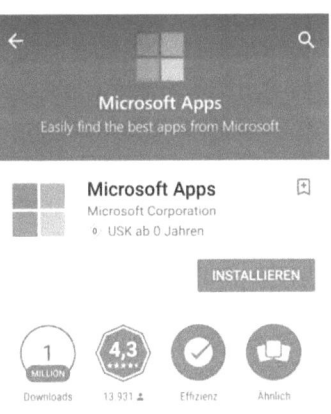 auf Ihrem Smartphone. Die Verbindung zwischen

Smartphone und PC erfolgt über das gemeinsame Microsoft-Konto. Sie wird per SMS hergestellt, wenn Sie die nachfolgend beschriebene Anmeldung Ihres Smartphone in Windows durchführen. Hinweis: Da für die Verbindung zwischen Smartphone und Windows-PC eine Mobilfunknummer benötigt wird, sind nur Smartphones bzw. Tablets mit eigener SIM-Karte geeignet.

## Das Smartphone am PC anmelden

Um Ihr Smartphone mit dem Windows-PC zu verbinden finden Sie in den Einstellungen von Windows nun eine neue Kategorie namens *Handy*.

Handy
Android, iPhone
verknüpfen

1. Klicken oder tippen Sie hier auf *Handy hinzufügen*.

2. Geben Sie dann die Mobilfunknummer des Smartphones ein. Die passende Landesvorwahl wird automatisch eingefügt, so dass Sie nur die vollständige Rufnummer ohne führende 0 anzugeben brauchen.

3. Microsoft sendet dann eine SMS an diese Nummer.

4. Nehmen Sie dann das Smartphone zur Hand und warten Sie, bis die SMS eintrifft. Üblicherweise dauert das nur einige Sekunden.

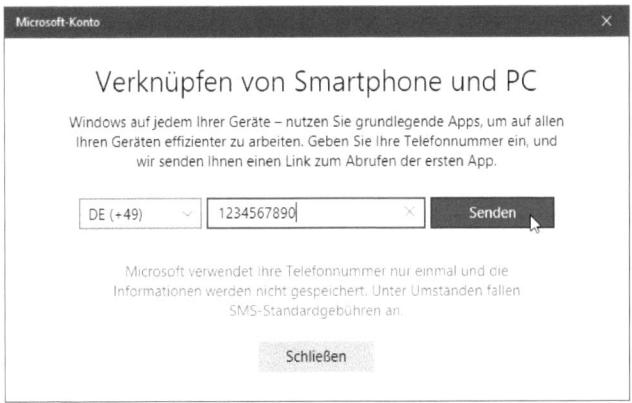

Mit dem Empfang der SMS ist die Verbindung zwischen Windows-PC und Smartphone etabliert. Die SMS enthält ggf. Links zu weiteren Apps. Diese sind für die Verbindung aber nicht erforderlich und müssen nicht heruntergeladen werden.

## Webseiten von unterwegs am PC weiterlesen

Die direkte Verknüpfung von Smartphone und PC birgt ein großes Potenzial von dem bislang nur ein kleiner Teil genutzt wird. Das bislang beste Beispiel ist die Möglichkeit, eine Webseite, die Sie unterwegs beim mobilen Surfen entdeckt haben, an den PC zu übermitteln. Dort können Sie sie später in aller Ruhe weiterlesen oder auch speichern, ausdrucken usw. Hierzu unterstützt die Microsoft App die Teilen-Funktion des mobilen Betriebssystems:

1. Öffnen Sie eine Webseite im Webbrowser Ihres Smartphones. Im Beispiel wird der Chrome-

Browser unter Android verwendet, aber dasselbe Prinzip lässt sich auf jeden Mobilbrowser anwenden.

2. Öffnen Sie das Menü des Browsers und wählen Sie dort die *Teilen*-Funktion.

3. Wählen Sie im Teilen-Dialog als Ziel *Weiter auf dem PC*.

**Teilen über**

WhatsApp    AndSMB    OneDrive    Weiter a
                     (Install)    dem PC

4. Die App ermittelt nun, welche Windows-PCs als Ziel in Frage kommen und zeigt diese an.

5. Falls es mehr als einer ist, können Sie auswählen, ob die Webseite beispielsweise mit Ihrem Schreibtisch-PC oder mit

dem Notebook geteilt werden soll. Tippen Sie den entsprechenden Eintrag an.

6. Ist das Smartphone mit mehreren PCs verbunden und soll die Webseite mit allen geteilt werde, können Sie auch unten im Dialog auf *Später fortfahren* tippen.

Das Übermitteln der Daten via Internet kann einige Sekunden bis im Extremfall wenige Minuten dauern. Wenn Sie eine Webseite direkt an ein bestimmtes Gerät schicken und dieses gerade eingeschaltet ist (und Sie mit Ihrem Konto angemeldet sind), wird direkt der Webbrowser gestartet und die übermittelte Seite darin geöffnet. Läuft Windows gerade nicht, finden Sie nach der nächsten Anmeldung eine entsprechende Benachrichtigung im Infobereich, über die Sie die Webseite schnell öffnen können.

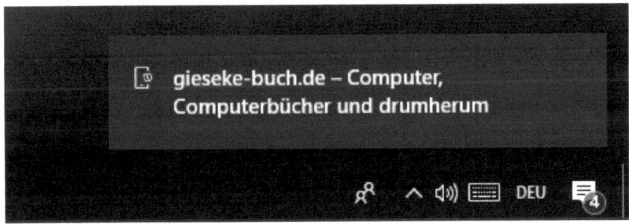

Schicken Sie eine Webseite per *Später fortfahren* an alle Geräte, wird sie grundsätzlich als Nachricht im Infobereich angezeigt, so dass Sie die Webseite auf einem beliebigen Gerät und zu einem Zeitpunkt Ihrer Wahl weiterlesen können.

# Neuigkeiten bei Hyper-V

Mit Hyper-V können Sie innerhalb von Windows 10 virtuelle System erstellen, die ihrerseits ein eigenständiges Windows ausführen oder auch ein anderes Betriebssystem wie etwa Linux. Das virtuelle System läuft in einem eigene Container innerhalb von Windows. Dadurch müssen Sie sich nicht mit Partitionen und Boot-Problemen herumschlagen und solche virtuellen Systeme sind schnell erstellt und auch wieder entfernt. Wer mit Hyper-V arbeitet oder es mal ausprobieren möchte, der findet nun einige interessante Neuerung vor.

## Virtuelle Systeme schneller erstellen

Schon mit dem ersten Creators Update vom Frühjahr 2017 wurde die Schnellerstellung von virtuellen Maschinen eingeführt. Das aktuelle Windows verfeinert diese Funktion weiterhin. Wenn Sie nun im Menü des Hyper-V-Manager *Aktion/Schnellerstellung* wählen, finden Sie einen überarbeiteten und vereinfachten Dialog vor. Links bei *Betriebssystem auswählen* kann man nun direkt fertige Systemimages wählen, die beispielsweise in einem Firmennetzwerk vom Administrator bereitgestellt werden. Privatanwender werden leider nicht in diesen Genuss kommen. Ihnen bleibt die Möglichkeit, eine *Lokale Installationsquelle* zu wählen und rechts mit *Installationsquelle ändern* die entsprechende ISO-Datei anzugeben.

Soll die virtuelle Maschine Secure Boot für Windows-Systeme unterstützen, aktivieren Sie darunter die Option. Dabei können Sie es nun schon belassen und mit *Virtuellen Computer erstellen* die virtuelle Umgebung anlegen. Oder aber Sie klicken unten rechts auf *Weitere Optionen*, um gleich noch *Name* und *Netzwerk* des Systems zu konfigurieren.

Um den Rest kümmert sich Hyper-V dann alleine und erstellt zumindest für Standardfälle ein virtuelles System mit passenden Parametern. Speziellere Systeme kann man wie gewohnt mit dem ausführlichen Assistenten unter *Aktion/Neu/Virtueller Computer* anlegen. Außerdem lassen sich alle Eigenschaften eines virtuellen Systems nachträglich in dessen Einstellungen anpassen.

# Automatische Prüfpunkte

Ein großer Vorteil virtueller System ist die Möglichkeit, jederzeit Prüfpunkte (Snapshots) zu erstellen, die den Zustand des gesamten Systems inklusiver aller Daten beinhalten. So kann man später jederzeit zu einem bestimmten Systemzustand zurückkehren und die seitdem gewollt oder ungewollt gemachten Änderungen zurücknehmen. Ebenso lässt sich dadurch jederzeit eine ganz bestimmte Testumgebung wieder herstellen.

Auch bei Hyper-V sind Prüfpunkte keine Neuheit. Allerdings kann das Virtualisierungsprogramm nun automatisch Prüfpunkte bei jedem Start eines virtuellen Systems anlegen. Das kostet nur wenig Zeit und erlaubt es, jede Änderung anschließend wieder rückgängig machen zu können.

Diese Funktion wird beim Erstellen einer virtuellen Maschine automatisch aktiviert. Sie können aber in den Einstellungen jedes einzelnen Systems wählen, ob dafür automatisch Prüfpunkte angelegt werden sollen oder ob Sie sich auf manuelle Snapshots bei Bedarf beschränken wollen. Öffnen Sie dazu die Einstellungen einer virtuellen Maschine in der Rubrik *Prüfpunkte*. Deaktivieren Sie dort die Option *Automatische Prüfpunkte*, wenn Sie nur manuelle Sicherungen benötigen. Ebenso können Sie hier den Speicherort für die umfangreichen Prüfpunkte ändern, allerdings nur wenn Sie zuvor bereits vorhandene Snapshots entfernt haben.

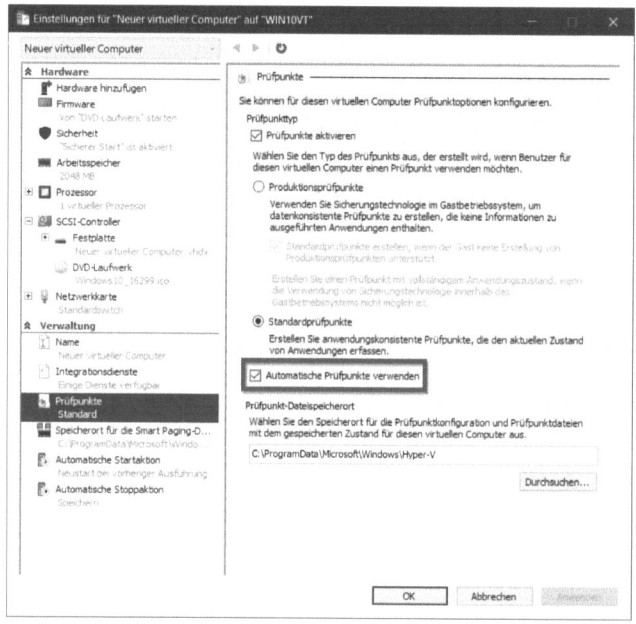

## Virtueller Akku-Status bei Mobilgeräten

Und noch ein kleines Schmankerl für Notebook-Nutzer. Wer auf seinem – hoffentlich ausreichend leistungsstarken – Notebook Hyper-V verwendet, um unterwegs mit virtuellen Systemen zu arbeiten, behält nun leichter den Überblick beim Akku-Ladestand. Denn bei Notebooks wird der Ladestand nun in die virtuelle Maschine hineingereicht. Es wird also auch im virtuellen System der reale Akkustand angezeigt.

# Dies und das

Wie immer gibt es bei einem Feature-Update für Windows einige neue Funktionen und Änderungen, die eher unter Details fallen bzw. sich keinem der anderen Themenschwerpunkte so recht zuordnen lassen. Trotzdem sollen sie nicht unter den Tisch fallen. Deshalb sind sie in diesem abschließenden Kapitel gesammelt.

## Neue Update-Hinweise

Updates erfordern gelegentlich einen Windows-Neustart. Windows bringt in solche Fällen nun etwas gefälligere Dialoge mit. Sie können dann *Jetzt neu starten*, den Neustart auf *Ein anderes Mal* verschieben oder die Meldung mit *OK* einfach nur bestätigen.

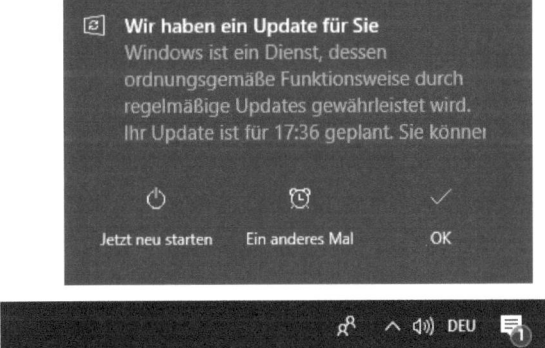

## Vergessene Passwörter bei Microsoft-Konten

Wer sich mit einem Microsoft-Konto bei seinem Windows anmeldet, der musste bislang einigen Umstände in Kauf nehmen, falls er das dazugehörende Kennwort mal vergessen hatte. Man musste dann ggf. von einem anderen PCs aus per Webbrowser Zugriff auf das Konto nehmen und den dortigen Mechanismus zum Zurücksetzen des Kennworts per E-Mail oder SMS verwenden.

Nun aber finden Sie direkt auf der Windows-Anmeldeseite unterhalb der Passwortabfrage einen Link *Kennwort vergessen*. Er startet einen Assistenten, der Sie direkt am PC in mehreren Schritten durch das Zurücksetzen Ihres Kennworts führt.

## OneDrive: Ganz nach Bedarf synchronisieren

Auch beim mitgelieferten Client für Microsofts Cloud-Speicherdienst OneDrive hat sich etwas getan. Eine neue Funktion ermöglicht es nun, auf jedem Gerät individuell festzulegen, welche Ordner und Dateien automatisch und welche nur bei Bedarf synchronisiert werden sollen. Davon profitieren insbesondere mobile Geräte mit begrenztem Speicherplatz, da man sich bei diesen auf die wesentlichen Dateien für die Synchronisierung beschränken kann.

## Dateien im On-Demand-Modus

Die Vorgehensweise dazu ist recht einfach: Wenn von einem Gerät neue Ordner oder Dateien im OneDrive-Speicher abgelegt werden, so werden diese auf allen anderen Geräten zunächst mit dem Verfügbarkeitsstatus *Verfügbar, wenn online* geführt. Diese Daten werden nicht automatisch synchronisiert. Aber die anderen Geräte erhalten Informationen darüber. Wenn Sie den OneDrive-Ordner öffnen, werden die entsprechenden Einträge also angezeigt.

*Die Symbole im Explorer zeigen den Verfügbarkeitsstatus an.*

Solange Sie solche Ressourcen auf einem bestimmten Gerät nicht öffnen, bleibt es dabei. Es wird also kein lokaler Speicherplatz auf dem Gerät verwendet. Dafür stehen die Ressourcen aber auch nur zur Verfügung, solange das Gerät online ist.

Wenn Sie eine Datei erstmals auf einem Gerät öffnen, wird sie auf das lokale Gerät übertragen und der Verfügbarkeitsstatus zu *Auf diesem Gerät verfügbar* geändert. Ab sofort wird diese Datei regelmäßig synchronisiert und steht auch im Offline-Modus zur Verfügung. Möchten Sie das wieder ändern und den belegten Speicherplatz auf dem Gerät einsparen, klicken Sie mit der rechten Maustaste auf das Objekt und wählen im Kontextmenü *Speicherplatz freigeben*.

## Die Verfügbarkeit nach Bedarf steuern

Wenn Sie möchte, dass Dokumente oder Ordner lokal synchronisiert werden und dadurch auch offline zur Verfügung stehen, können Sie auch direkt den Verfügbarkeitsstatus ändern, ohne sie zu öffnen. Klicken Sie dazu mit der rechten Maustaste auf Ordner oder Datei und wählen Sie im Kontextmenü *Immer behalten auf diesem Gerät*. Dann wird diese Ressource mit in die Synchronisierung aufgenommen, steht auch offline zur Verfügung und lokale Änderungen daran wirken sich an allen anderen Geräten aus.

## Auf einzelnen Geräten immer alles synchronisieren

Diese Einstellung wird gerätespezifisch vorgenommen. Sie müssen den Vorgang also auf jedem Gerät wiederholen, auf dem diese Daten synchronisiert werden sollen. Anders gesehen haben Sie so aber eben auch die Möglichkeit, bei jedem einzelnen Gerät genau festzulegen, was lokal synchronisiert werden soll und was nicht. Wenn Sie aber bei einem bestimmten Gerät keinerlei Platzprobleme haben und bei diesem grundsätzlich immer alle OneDrive-Daten synchronisieren möchten, können Sie die Funktion für dieses Gerät abschalten:

1. Öffnen Sie dazu über das OneDrive-Symbol im Infobereich die *Einstellungen*.

2. Wechseln Sie dort in die Rubrik *Einstellungen*.

3. Entfernen Sie hier ganz unten im Bereich *Dateien bei Bedarf* das Häkchen an der Option *Sparen Sie Platz, und laden Sie Dateien herunter, wenn Sie sie verwenden*.

4. Dieses Gerät verzichtet dann ganz auf die On-Demand-Option und synchronisiert immer den gesamten OneDrive-Datenbestand.

## Variable Fonts und neue Schriftart

Schon länger unterstützt Windows ergänzend zu TrueType-Schriften auch den flexibleren OpenType-Schriftstandard. Das Update ergänzt die neueste Spezifikation OpenType 1.8 und damit erstmals auch variable Fonts. Diese ermöglichen es, mehrere Schriftstärken in einer Schriftartdatei zusammenzufassen. Das wiederum erlaubt es, die Schriftstärke eines Textes zu verändern (also beispielsweise Buchstaben fett zu drucken), ohne dass sich dadurch die Laufweite des Textes ändern würde. Das folgende Bild veranschaulicht den Unterschied.

---

**Dieser Text verwendet einen variablen Font.**

**Dieser Text verwendet einen variablen Font.**


Dieser Text verwendet keinen variablen Font.

**Dieser Text verwendet keinen variablen Font.**

---

Damit die Anwender auch etwas von dieser Möglichkeit haben, bringt das Update folgerichtig auch eine neue Schriftart mit, die einen variablen Font verwendet: *Bahnschrift* kommt Ihnen möglicherweise bekannt vor. Sie entspricht DIN 1451 und wird beispielsweise in Deutschland für das Beschriften von Verkehrszeichen und Autobahnschildern verwendet.

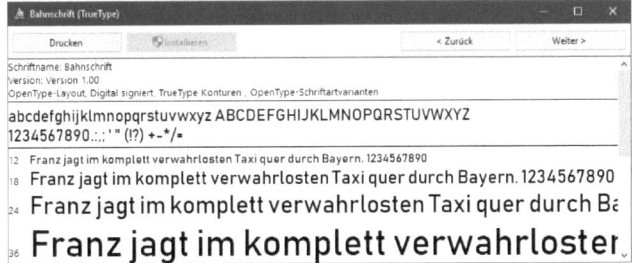

## Desktop-Programme bei Auflösungswechsel

Eine Dauerbaustelle sind noch immer ältere Anwendungen für den klassischen Desktop, die nicht alle Darstellungsmöglichkeiten der modernen Oberfläche unterstützen, insbesondere wenn es um das Skalieren auf hochauflösenden Bildschirmen geht. Hier muss Windows den alten Software-Schätzchen auf die Sprünge helfen, was mal besser und mal schlechter gelingt.

Ein großes Problem dabei sind konkrete Wechsel bei Auflösung bzw. Skalierung. Bislang war es danach nötig, sich zumindest einmal ab- und wieder neu anzumelden, wozu man aber sämtliche offenen Anwendungen erstmal beenden musste. Das kann man sich in solchen Fällen laut Microsoft ersparen: Es reicht, nur die durch den Wechsel sichtlich betroffenen Anwendungen zu beenden und neu zu starten.

# Den verlorenen Eingabestift wiederfinden

Schon länger bietet Windows – in Verbindung mit einem Microsoft-Konto – die Möglichkeit, ein abhanden gekommenes Notebook oder Tablet zu orten. Dazu meldet das Gerät regelmäßig seinen Standort an einen Microsoft-Server. Im Falle eines Verlustes können Sie sich per Webbrowser bei Ihrem Microsoft-Konto anmelden und in den Kontoeinstellungen unter *Geräte* den jeweils letzten Standort der dort registrierten Geräte abfragen.

In Erweiterung dieser Funktion kann Windows nun auch beim Wiederfinden eines verlorenen Eingabestifts helfen, wenn Sie an Ihrem Tablet oder Notebook einen solchen verwenden. Nun verfügt ein solcher Stift nicht über GPS-Hardware, so dass man seinen aktuellen Standort einfach ermitteln könnte. Stattdessen merkt sich Windows den Standort des PCs, an dem Sie den Stift zuletzt verwendet haben. Das gibt zumindest einen Hinweis darauf, ob sich eine intensive Suche eher zuhause oder eher im Büro lohnt.

Für diese Funktion finden Sie in den Einstellungen unter *Update und Sicherheit/ Mein Gerät suchen* nun einen zusätzlichen Abschnitt, wo Sie den letzten Standort des Stiftes auf einer Karte anzeigen lassen können.

# Das Linux-Subsystem für Windows 10

Schon seit einiger Zeit arbeitet Microsoft daran, Windows in die Lage zu versetzen, Linux-Befehle und -Programme auszuführen. Dazu wurde ein Linux-Subsystem integriert, dessen Fähigkeiten mit dem aktuellen Update weiter vervollständigt wurden. Allerdings sind noch immer mehrere Schritte notwendig, um Linux unter Windows nutzen zu können.

## Das Linux-Subsystem aktivieren

Standardmäßig ist das Linux-Subsystem in Windows nicht aktiviert und die erforderlichen Systemkomponenten auch nicht installiert. Sie müssen es deshalb zunächst aktivieren:

1. Öffnen Sie in der klassischen Systemsteuerung das Modul *Programme und Features*.

2. Wechseln Sie dort im Navigationsbereich links auf *Windows-Features aktivieren oder deaktivieren*.

3. Suchen Sie in der anschließenden Liste recht weit unten die Option *Windows-Subsystem für Linux* und setzen Sie dort ein Häkchen.

4. Klicken Sie dann auf *OK* und warten Sie kurz die Installation der benötigten Komponenten an. Anschließend ist ein Neustart erforderlich.

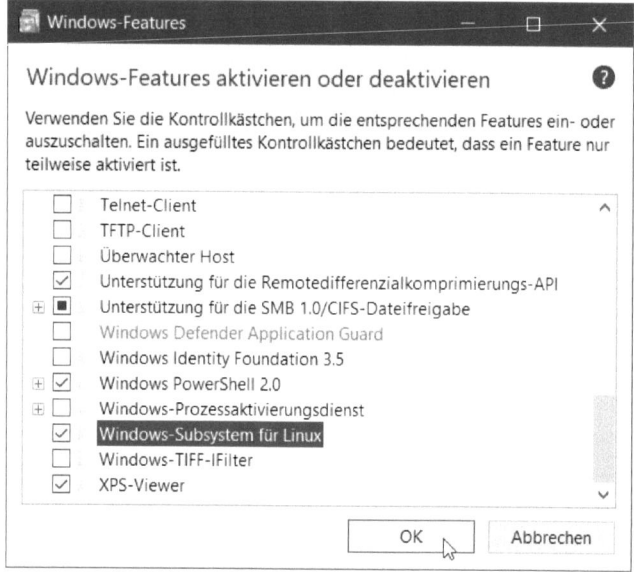

## Ein Windows-System installieren

Nun benötigen Sie noch ein Linux, dass von diesem Subsystem ausgeführt werden kann. Das können Sie kostenlos aus dem Microsoft Store installieren. Sie haben die Wahl zwischen verschiedenen Distributionen wie Ubuntu, Suse Linux oder OpenSuse. Geben Sie einen dieser Namen ins Suchfeld des Stores ein und wählen Sie die entsprechende App aus.

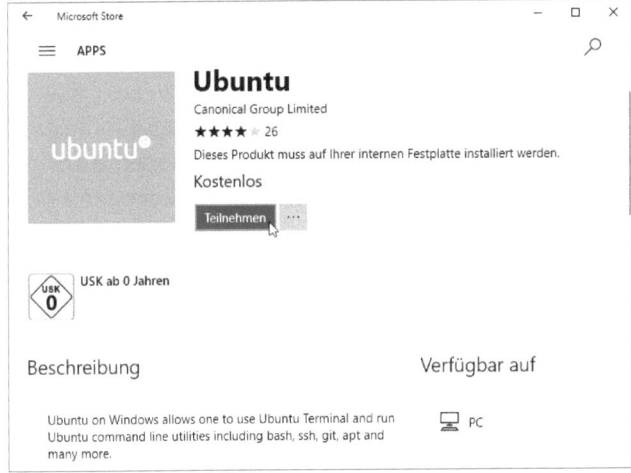

Nach erfolgreicher Installation starten Sie diese App direkt. Nun wird das eigentliche Linux im Subsystem installiert, was einige Minuten dauert. Anschließend geben Sie einen Namen und ein Passwort für Ihr Benutzerkonto in diesem Subsystem ein. Dieses hat mit Ihrem Windows-Benutzerkonto nichts zu tun und kann frei gewählt werden.

## Mit Linux arbeiten

Haben Sie das Linux-Subsystem einmal installiert, können Sie es jederzeit aufrufen und nutzen. Geben Sie dazu einfach *bash* oder *ubuntu* (bzw. den jeweiligen Namen der aus dem Store geladenen Linux-App) im Suchfeld der Taskleiste ein. Sie können auch die Linux App wie jede Anwendung ans Startmenü oder die Taskleiste anheften, um den Weg zu verkürzen. Der Aufruf startet direkt eine Eingabeaufforderung, in der Sie bereits mit dem bei der Installation gewählten Benutzerkonto angemeldet sind. Sie können also direkt Linux-Befehle eingeben und Skripte oder Programme ausführen.

### bash vs. Linux-App

Einen kleinen aber feinen Unterschied gibt es zwischen den Varianten zum Öffnen der Linux-Eingabeaufforderung: Starten Sie die Linux-App (also beispielsweise *ubuntu*) verwendet diese den Pfad Ihres Benutzerordners als initiales Arbeitsverzeichnis. Mit *bash* hingegen landen Sie im Verzeichnis *C:\Windows\System32*.

# Zum Schluss…

…möchte ich Ihnen für Ihre Aufmerksamkeit danken. Ich hoffe, dieser Überblick über das Fall Creators Update hat Ihnen viele Erkenntnisse verschafft und dabei geholfen, die neuen Windows-Funktionen gewinnbringend zu nutzen.

Wenn Sie Fragen haben, Feedback loswerden oder Ihre eigenen Erfahrungen teilen möchten, besuchen Sie mich im Internet unter **gieseke-buch.de**. Hier finden Sie auch weitere Informationen und Tipps zu diesem und anderen Themen meiner Bücher.

## Eine Bitte in eigener Sache

Ich freue mich, wenn Sie Ihre positiven Eindrücke an andere interessierte Leser weitergeben, etwa durch **persönliche Empfehlungen**, **Rezensionen** auf einer der einschlägigen Plattformen oder auch durch Hinweise **in Foren oder sozialen Netzwerken**.

Dieser Titel ist ohne Marketing-Budget und Vertriebsstrukturen großer Verlage erschienen, denen das Thema nicht profitabel genug erschien. Deshalb ist **Mund-zu-Mund-Propaganda** besonders wichtig. Wenn Sie also der Meinung sind, dass dieses Buch auch für andere Leser interessant und hilfreich sein könnte, dann **sagen Sie es bitte weiter**.

Vielen Dank.

# Stichwortverzeichnis

# Mehr von gEdition.de